RECUEIL DES EDITS, DECLARATIONS, ORDONNANCES ET REGLEMENS

Des Rois Henry II. François II. Charles IX. Henry III. Henry IV. Loüis XIII. & Loüis XIV.

CONCERNANT LES MARIAGES.

Augmentez des Tarifs des Droits des Contrôlles des Actes des Notaires, & Insinuations Laïques.

Avec plusieurs Arrests notables intervenus sur ce sujet.

A PARIS,

Chez CHARLES SAUGRAIN, sous le Quay de Gévres, à la Croix blanche.

M. DCCVII.

TABLE

DES EDITS, DECLARATIONS, Ordonnances & Arrests contenus dans ce Recueil.

Edit du Roy Henry II.

Edit du Roy François II.

Ordonnance du Roy Charles IX.

Edit du Roy Charles IX.

Ordonnance de Blois du Roy Henry III. Du mois de May 1579.

TABLE

Ordonnance du Roy Henry IV. Du mois de Decembre 1606.

Ordonnance du Roy Loüis XIII. Du mois de Janvier 1629.

Declaration du Roy.

De l'Insinuation des Dispenses & Publications des Bans de Mariages.

PRIVILEGE DU ROY.

LOUIS par la grace de Dieu, Roy de France & de Navarre: A nos amez & feaux Conseillers, les Gens tenans nostre Cour de Parlement, Maistres des Requestes ordinaire de nostre Hostel, grand Conseil, Prevost de Paris, Baillifs Senéchaux, leurs Lieutenans Civils, & autres nos Justiciers qu'il appartiendra, SALUT. CHARLES SAUGRAIN l'aisné Libraire à Paris, Nous ayans fait exposer qu'il desiroit faire imprimer un Livre intitulé, *Recueil des Edits, Declarations, Ordonnances & Reglemens des Rois Henry II. François II. Henry IV. Loüis XIII. & Loüis XIV. concernant les Mariages, avec plu-*

sieurs Arrests notables intervenus sur ce sujet, augmentez des Tarifs des Droits des Controlles des publications des Bans de Mariages, des Extrait baptistaires, Mariages, Sepultures & Insinuations Laïques : s'il nous plaisoit luy accorder nos Lettres de Privilege pour ladite Ville de Paris seulement, nous luy avons permis & permettons par ces presentes, de faire imprimer ledit livre en telle forme, marge, caractere, en un ou plusieurs volumes, & autant de fois que bon luy semblera; & de le vendre & faire vendre par tout nôtre Royaume, pendant le temps de cinq années consecutives, à compter du jour de la datte desdites presentes; Faisons deffenses à toutes personnes de quelques qualité & condition qu'elles soient, d'en introduire d'impression Etrangere dans aucun lieu de nôtre obeïssance, & à tous Imprimeurs Libraires & autres dans la Ville de Paris seulement, d'imprimer, ou faire imprimer, ledit Livre & d'y en faire venir, vendre & débiter d'autre impression que de celle qui aura esté faite pour ledit Exposant; sous peine de confiscation des Exemplaires contrefaits, de mil liv. d'amende contre chacun des contrevenans, dont un tiers à nous, un tiers à l'Hostel-Dieu de Paris, l'autre tiers audit Exposant, & de tous dépens, dommages & interests, à la charge que ces presentes seront enregistrées tout au long sur le Registre de la Communauté des Imprimeurs & Libraires de Paris, & ce dans trois mois de la datte d'icelle, que l'impression dudit Livre sera faite dans nostre Royaume & non ailleurs, & ce en bon Papiers & en beaux Caracteres, conformément aux Reglemens de la Librairie, & qu'avant que de l'exposer en vente, il en sera mis deux exemplaires dans nostre Biblioteque publique, un dans celle de nostre Chasteau du Louvre, & un dans celle de nôtre tres-cher & féal Chevalier Chancelier de France, le Sieur PHELIPEAUX Comte de Ponchartrain, Commandeur de nos Ordres; le tout à peine de nul-

lité des presentes ; du contenu desquelles vous man-
& enjoignons de faire joüir l'Exposant ou ses ayans cause, pleinement & paisiblement, sans souffrir qu'il leur soit fait aucun trouble ou empêchemens. Voulons que la Copie desdites presentes qui sera imprimée au commencement ou à la fin dudit Livre, soit tenuë pour dûëment signifiée, & qu'aux copies collationnées par l'un de nos amez & feaux Conseillers & Secretaires, foy soit ajoûtée comme à l'Original : Commandons au premier nostre Huissier ou Sergent, de faire pour l'execution d'icelles, tous Actes requis & necessaires, sans demander autre permission, & nonobstant Clameur de Haro, Charte Normande & Lettres à ce contraires. CAR tel est nostre plaisir. DONNE' à Versailles, le seiziéme jour de Janvier, l'an de grace mil sept cens sept. Et de nostre Regne le soixante-quatriéme. Par le Roy en son Conseil, Signé, LE COMTE.

Registré sur le Registre N°. 2. de la Communauté des Libraires & Imprimeurs de Paris, page 157. *N°.* 349. *conformément aux Reglemens, & notamment à l'Arrest du Conseil du treiziéme Aoust* 1703. *A Paris le dix-huit Janvier mil sept cens sept.* Signé, GUERIN, Syndic.

APPROBATION.

J'AY lû, par ordre de Monseigneur le Chancelier, ce nouveau Receüil d'Edits, Declarations & Arrests, concernant les Mariages, ce sera un avantage pour le public, de trouver rassemblés en un seul Volume tous les Reglemens qui ont esté faits ou renouvellez en divers temps, sur cette importante matiere. A Paris, le vingt-deux Decembre 1706. Signé, TERRASSON.

EDIT DU ROY
HENRY II.
TOUCHANT LES MARIAGES CLANDESTINS.

Du mois de Février 1556.

HENRY par la grace de Dieu, Roy de France : A tous presens & à venir, Salut. Comme sur la plainte à nous faite des Mariages, qui journellement par une volonté charnelle, indiscrete & desordonnée, se contractoient en nostre Royaume par les enfans de famille, au déçu & contre le vouloir & consentement de leurs pere & mere, n'ayans aucunement devant les yeux la crainte de Dieu, l'honneur, reverence & obeïssance qu'ils doivent en tout & par tout à leursdits parens, lesquels reçoivent tres-grand regret, ennuy & déplaisir desdits Mariages, nous eussions (long-temps a) conclu & arresté sur ce faire une bonne Loy & Ordonnance, par le moyen de laquelle ceux qui pour la crainte de Dieu, l'honneur & reverence paternelle & maternelle, ne seroient détournez & retirez de mal faire, fussent par la severité de la peine temporelle, revoquez & arrestez. Toutefois pource que nostre intention n'a esté encore executée, Nous avons connu par évidence de fait, que ce mal inveteré pullule & accroît de jour à autre, & pourra augmenter, si promptement n'y est par nous pourveu.

Pour ces causes, & autres bonnes & justes considerations à ce nous mouvans, par avis & déliberation de noſtre Conſeil, auquel aſſiſtoient aucuns Princes de noſtre ſang, & autres grands & notables perſonnages, pour noſtre regard, & entant qu'en nous eſt, executant le vouloir & commandement de Dieu, Avons dit, ſtatué & ordonné, diſons, ſtatuons & ordonnons par Edit, Loy, Statut & Ordonnance perpetuels & irrevocables, Que les enfans de famille ayans contracté, & qui contracteront ci-aprés Mariages clandeſtins, contre le gré, vouloir & conſentement, & au déçu de leurs peres & meres, puiſſent pour telle irreverence & ingratitude, mépris & contemnement de leurſdits peres & meres, tranſgreſſions de la Loy & Commandement de Dieu, & offenſe contre le droit de l'honneſteté publique, inſeparable d'avec l'utilité, eſtre par leurſdits peres & meres, & chacun d'eux, exheredez & exclus de leurs ſucceſſions, ſans eſperance de pouvoir quereller l'exheredation, qui ainſi aura eſté faite.

Puiſſent auſſi leſdits peres & meres, pour les cauſes que deſſus, revoquer toutes & chacunes les donations & avantages qu'ils auroient fait à leurs enfans.

Voulons auſſi & nous plaiſt, que leſdits enfans, qui ainſi ſeront illicitement conjoints par Mariages, ſoient declarez audit cas d'exheredation, & les declarons incapables de tous avantages, profits & émolumens qu'ils pourroient pretendre par le moyen des conventions appoſées és contracts de Mariages, ou par le benefice des Coûtumes & Loix de noſtre Royaume, du benefice deſquelles les avons privez & déboutez, privons & déboutons par ces Preſentes, comme ne pouvans implorer le benefice des Loix & Coûtumes, eux qui ont commis contre la Loy de Dieu & des hommes.

Et d'abondant avons ordonné & ordonnons, que leſdits enfans conjoints par la maniere que deſſus, & ceux qui auront traité tels Mariages avec eux, & donné conſeil & aide pour la conſommation d'iceux, ſoient ſujets à telles peines qui ſeront aviſées, ſelon l'exigence des cas, par nos Juges, ausquels la connoissance en appartiendra, dont nous chargeons leurs honneurs & consciences.

Declarons toutefois, encore que nostre vouloir & intention soit que cette presente Ordonnance & Edit ait lieu, tant pour l'avenir que pour le passé, d'autant qu'il y a en ce transgression de la Loy & Commandement de Dieu, dont on ne se peut couvrir d'ignorance & de tolerance au contraire.

Neanmoins pour ne perturber les Mariages qui sont en repos, & ne donner occasions à nos Sujets d'entrer en grosses querelles & differens, n'entendons en ce comprendre les Mariages qui auront esté consommez auparavant la publication de ces Presentes, par cohabitations charnelle; ains seulement les Mariages esquels on pretendoit seul consentement, soit par parole de present ou de futur, sans qu'il y eut cohabitation ou conjonction charnel.

Ne voulons aussi & n'entendons comprendre les Mariages qui auront esté & seront contractez par les fils excedans l'âge de trente ans, & les filles ayans vingt-cinq ans passez & accomplis, pourveu qu'ils se soient mis en devoir de requerir l'avis & conseil de leursdits peres & meres. Ce que voulons aussi estre gardé pour le regard des meres qui se remarient, desquelles suffira requerir leur conseil & avis, & ne seront lesdits enfans, audit cas, tenus d'attendre leur consentement.

Si donnons en mandement à nos amez & feaux les Gens tenans nos Cours de Parlement, à tous Baillifs, Seneschaux, Prevosts, Juges ou leurs Lieutenans, & autres nos Justiciers & Officiers, & chacun d'eux, si comme à luy appartiendra, que nos present Edit, Statut, Ordonnance & vouloir, ensemble tout le contenu cy-dessus, ils entretiennent, gardent & observent, fassent de point en point inviolablement entretenir, garder & observer, lire publier & enregistrer par tout où il ſera beſoin, ſans ſouffrir aller ne venir, directement ou indirectement au contraire, en quelque maniere que ce ſoit, en procedant contre les tranſgreſſeurs & contrevenans par les peines cy-deſſus indictes, nonobſtant oppoſitions ou appellations quelconques, Edits, Statuts, Ordonnances, reſtrinctions, mandemens ou défenſes & lettres impetrées ou à impetrer à ce contraires : Car tel eſt noſtre plaiſir. Et afin que ce ſoit choſe ferme & ſtable a toûjours nous avons fait mettre noſtre Scel à ces Preſentes, ſauf en autres choſes noſtre droit & l'autruy en toutes. Donné à Paris au mois de Février, l'an de grace mil cinq cens cinquante-ſix, & de noſtre Regne le dixiéme, Ainſi ſigné, Par le Roy eſtant en ſon Conſeil, BOURDIN. Et ſcellé en lacs de ſoye rouge & verte, du grand Scel de cire verte. *Et ſur le repli eſt écrit*, Viſa, *& auprés :*

Lecta, publicata & regiſtrata, audito & requirente Procuratore generali Regis, Pariſiis in Parlamento, prima die Martii, anno Domini milleſimo quingenteſimo quinquageſimo-ſexto. Sic ſignatum, DU TILLET.

Du Jeudy IV. *Février* M. D. LVI.

Veuës par la Cour les Chambres aſſemblées, les Lettres patentes du Roy en forme d'Edit, données à ſaint Germain en Laye au mois de Janvier dernier, par leſquels ledit Seigneur, pour les cauſes contenuës en icelles, ſtatuë & ordonne, que les enfans maſles ou femelles, ayans contracté & qui contracteront cy-aprés Mariages clandeſtins, contre le vouloir & conſentement, ou au déçu de leurs peres & meres, puiſſent, pour l'indignité de telles offenſes, eſtre par leurſdits peres & meres, & chacun d'eux, exheredez & exclus de leurs ſucceſſions, ſans eſperance de ligitime, & ſans moyen de quereller contre ladite exheredation : puiſſent auſſi iceux peres & meres, pour telle ingratitude, revoquer tous & chacuns les precipus, avantages & donations par eux faites à leurſdits enfans, pour quelque cauſe & en quelque maniere qu'elles ſoient faites, ſans que leſdits enfans s'en puiſſent plaindre ni douloir : Voulons en outre que les conjoints par tels Mariages, ſoient & demeurent incapables de tous profits & avantages qu'ils pourroient pretendre par le moyen d'iceux Mariages, ſoient profits conventionnaux ou coûtumieres, ſans qu'ils en puiſſent faire aucunes demandes, ni eux aider deſdits contracts ou Coûtumes, en conſequence deſdits Mariages : davantage, que les enfans mariez par les moyens que deſſus, & auſſi ceux qui auront contracté tels Mariages avec eux, demeureront ſujets à telles autres peines qui ſeront aviſées, ſelon l'exigence des cas, par les Juges auſquels la connoiſſance en appartiendra. Oüi le Procureur general du Roy, requerant la publication dudit Edit : La matiere miſe en deliberation.

LADITE COUR a ordonné & ordonne, que leſdites Lettres patentes en forme d'Edit, ſeront publiées & enregiſtrées ſous les modifications & limitations qui enſuivent, deſquelles neanmoins la Cour avertira ledit Seigneur, avant que proceder à la publication : A ſçavoir, que ledit Edit aura lieu pour l'avenir tant ſeulement, & non pour le paſſé ; Que du vivant des peres ſuffira leur conſentement, & aprés leur decés, des meres, pourveu qu'elles ne ſe remarient ; & en ce cas les enfans ne ſeront tenus attendre le vouloir & conſentement de leurs meres, ains ſeulement les requerir de leur avis & conſeil ; Que les enfans maſles excedans l'âge de trente ans, & les filles de vingt-cinq ans, aprés avoir rendu cette obéïſſance deuë aux peres & meres, de leur demander leur conſeil & avis pour ſe marier, ne ſeront ſujets és peines portées par ledit Edit.

Et pour obvier à pluſieurs grands inconveniens qui aviennent des Mariages faits par importunité de ceux qui obtiennent du Roy Lettres patentes, ou clauses : ladite Cour a ordonné qu'elle le suppliera tres-humblement d'y pourvoir.

Du Vendredy v. *Février audit an.*

Ce jour, aprés que lecture a esté faite, les Chambres assemblées, de l'Arrest de la Cour conclu le quatre de ce mois, sur la publication de l'Edit, concernant les Mariages clandestins, faits au déçu & contre le consentement des peres & meres. La matiere mise en déliberation ; a esté arresté, Que s'il ne plaist au Roy recevoir les limitations d'icelle Cour, elle a entendu demeurer en son entier pour opiner de nouveau sur lesdites limitations.

Du Vendredy XXVI. *Février audit an.*

Ce jour les Gens du Roy ont apporté l'Edit dudit Seigneur, pour le fait des Mariages clandestins, & ont dit que la Cour en a esté cy-devant assemblée, & remonstrances faites sur iceluy, & modifications. Depuis ledit Seigneur a fait reseeller l'Edit en la forme qu'il est ; en demandant quant à eux la verification. Et depuis les Chambres assemblées, la matiere mise en déliberation : La Cour a ordonné que ledit Edit sera publié & enregistré.

EDIT DU ROY

FRANÇOIS II.

Concernant les secondes Nôces.*

Du mois de Juillet 1560.

FRANÇOIS par la grace de Dieu, Roy de France : A tous presens & à venir, Salut. Comme les femmes veuves ayans enfans, ou enfans de leurs enfans, soient souvent invitées & sollicitées à nouvelles Nôces, & non connoissans estre recherchées plus pour leurs biens que pour leurs personnes, elles abandonnent leurs biens à leurs nouveaux maris, & sous pretexte & faveur de Mariage leur font donnations immenses, mettans en oubli le devoir de nature envers leurs enfans, de l'amour desquels tant s'en faut qu'elles se d'eussent éloigner par la mort des peres, que les voyans destituez du secours & aide de leurs peres, elles devroient par tous moyens s'exercer à faire le double office de pere & de mere. Desquelles donnations, outre les querelles & divisions d'entre les meres & les enfans, s'ensuit la desolation des bonnes familles, & consequemment diminution de la force de l'état public. A quoy les anciens Empereurs zelateurs de la police, repos & tranquillité de leurs Sujets, ont voulu pourvoir par plusieurs bonnes Loix & Constitutions sur ce par eux faites. Et nous pour la mêmè consideration, & entendans l'infirmité du sexe, avons loüé & approuvé icelle Loix & Constitutions.

Et en ce faisant avons dit, declaré, statué & ordonné, disons, declarons, statuons & ordonnons, Que femmes veuves ayans enfans, ou enfans de leurs enfans si elles passent à nouvelles Nôces, ne peuvent & ne pourront en quelque façon que ce soit donner de leurs biens, meubles, acquests ou acquis par elles d'ailleurs que de leur premier mari; ni moins leur propres à leurs nouveaux maris, pere, mere, ou enfans desdits maris, ou autres personnes qu'on puisse presumer estre par dol ou fraude interposées, plus qu'à l'un de leurs enfans, ou enfans de leur enfans. Et s'il se trouve division inégale de leurs bien-faits entre leurs enfans, ou enfans de leurs enfans, les donnations par elles faites à leur nouveaux maris, seront reduites & mesurées à la raison de celuy des enfans qui en aura le moins,

Et au regard des biens à icelles veuves acquis, par dons & liberalitez de leurs défunts maris, elles n'en peuvent & ne pourront faire aucune part à leurs nouveaux maris ; ains elles seront tenuës de les reserver aux enfans communs d'entre elles & leurs maris, de la liberalité desquels iceux biens leur seront avenus. Le semblable voulons estre gardé és biens qui sont venus aux maris par dons & liberalitez de leurs défuntes femmes, tellement qu'ils n'en pourront faire don à leurs secondes femmes, mais seront tenus les reserver aux enfans qu'ils ont eus de leurs premieres. Toutefois n'entendons par ce present nostre Edit bailler ausdites femmes plus de pouvoir & liberté, de donner & disposer de leurs biens que ne leur est loisible par les Coûtumes des païs, ausquelles par ces Presentes n'est dérogé, entant qu'elles restraignent plus ou autant la liberalité desdites femmes.

Si donnons en mandement par cesdites Presentes à nos amez & feaux les Gens tenans nos Cours de Parlement, que nos present Edit, Statut & Ordonnance il fassent lire, publier & enregistrer ; & iceux entierement gardent & observent, & fassent entretenir, garder & observer inviolablement & sans enfraindre: Car tel est nostre plaisir. Et afin que ce soit chose ferme & stable à toûjours, nous avons fait mettre nôtre Scel à cesdites Presentes, sauf en autres choses nostre droit & l'autruy en toutes. Donné à Fontainebleau au mois de Juillet, l'an de grace 1560. & de nostre Regne le deuxiéme. Ainsi signé sur le repli, Par le Roy estant en son Conseil, BOURDIN. Et scellées de cire verte, à double queuë de lacs de soye rouge & verte.

Lecta publicata & registrata, audito & requirente Procuratore generali Regis, Parisiis in Parlamento quinta Augusti, anno Domini millesimo quingentesimo sexagesimo. Sic signatum, DU TITLET.

ORDONNANCE DU ROY

CHARLES IX.

Du mois de Janvier 1560.

Article CXI.

ET parce qu'aucuns abuſans de la faveur de nos Predeceſſeurs par importunité, ou plûtôt ſubrepticement, ont obtenu quelques fois Lettres de cachet, & clauſes ou patentes, en vertu deſquelles on a fait ſequeſtrer des filles, & icelles épouſé ou fait épouſer, contre le gré des peres & meres, parens, tuteurs, ou curateurs, choſe digne de punition exemplaire: Enjoignons à tous Juges proceder extraordinairement, comme crime de rapt contre les Impetrans, & ceux qui s'aideront de telles Lettres, ſans avoir aucun égard à icelles.

EDIT DU ROY,

CHARLES IX.

Par lequel il ordonne que d'oreſnavant les Meres ne ſuccederont à leurs enfans és biens provenus du coſté paternel, mais ſeulement és meubles & conqueſts provenus d'ailleurs.

Du mois de May 1567.

CHARLES par la grace de Dieu, Roy de France; A tous preſens & à venir, Salut. Comme depuis que Dieu par sa bonté nous auroit appellez au regime & gouvernement de ce Royaume, nous aurions essaié par tous moyens à nous possibles de faire garder & observer les Loix & Ordonnances des Rois nos predecesseurs, & reformer, ou du tout abroger & abolir les Loix & Coustumes, lesquelles l'experience nous a fait connoistre qu'au lieu d'estre salutaires, comme estoit l'intention de ceux qui au commencement les receurent, apportant ce neanmoins avec soy beaucoup d'incommoditez & dommage insupportable au bien public. Et singulierement celles qui sont trouvées préjudiciables à la conservation du bien & repos de nostre Noblesse, comme estant le principal membre, le soûtien & la force de nostre Couronne, à l'exemple de nos Predecesseurs, Nous voulons (& telle a esté toûjours nostre intention) la conserver & tenir sous nostre protection, & empescher que pour la multitude & vexation des Procés elle ne se soit distraite de nostre service.

Et que pour cette consideration puis n'agueres, aurions fait des Edits conservans les Reglemens des dispositions testamentaires, & substitutions fidei-commissaires, qui auroient lieu en certains endroits de nôtredit Royaume; mais à ce que nous avons esté depuis peu de temps avertis; nous n'aurions encores touché aux points principaux, & qui sont les plus necessaires à la conservation du nom, des armes, & des familles de nostre Noblesse. Car en nos Païs & Duché de Guienne, Languedoc, Provence, Dauphiné, & autres, a esté cy-devant pratiquée & observée une Loy & Constitution jadis faite par les anciens Empereurs de Rome, par laquelle la mere survivant à ses enfans, leur succede non-seulement en leurs meubles & conquests, mais est propres provenus & procedez de la ligne paternelle, privant par ce moyen & excluant les vrais heritiers desdits biens & patrimoines anciens. Laquelle Loy, outre qu'elle est directement contraire à ce qui eſt obſervé és autres païs de noſtredit Royaume, où toûjours a eſté obſervé & gardé, que les patrimoines ne remontent, ni ſoient oſtez de l'eſtoc, tige & ſouche dont ils ſont dérivez, elle eſt cauſe d'une infinité de procés; & qui pis eſt, de la perte & deſtruction de beaucoup de bonnes maiſons & familles anciennes. Et voit-on ſouvent avenir, que les meres aprés le decés de leurs maris & de leurs enfans, emportent tout le bien des maiſons où elles ont eſté mariées, vivant encores l'ayeul paternel, oncles & autres portans le nom & les armes de ladite maiſon, qui eſt une douleur inſupportable à celuy qui aprés avoir uſé d'une liberalité à ſon fils pour le marier, le voir mourir avant luy, & peu de temps aprés ſes petits neveux: & en lieu de le conſoler, voir devant ſes yeux ſes enfans exclus de ſes biens, voir les emporter par une étrangere, voir luy vivant éteindre le nom & les armes de ſa famille, qui eſt un moyen de rendre leſdites veuves moins ſoigneuſes & curieuſes de la vie de leurſdits enfans. Et qui plus eſt, il advient ſouvent, qu'avant le decés de leurs enfans, elles ſe remarient: & bien qu'il ne ſoit croyable qu'elles ſe dépoüillent de l'amitié maternelle, toutes fois ceux qui les épouſent ne prennent pas toûjours leur part de l'affection maternelle: & même voyant que par le decés des enfans du premier lit, les leurs pourront eſtre grandement avantagez. Et ne ſçauroit-on dire que de l'obſervance de ladite Loy en vienne aucun profit, mais au contraire beaucoup d'inconveniens inſupportables à ladite Nobleſſe.

Sçavoir faiſons, qu'aprés avoir fait voir & mettre en déliberation de noſtre Conſeil Privé, les remonſtrances qui nous ont eſté ſur ce faites par pluſieurs bons & notables perſonnages, & pour pluſieurs autres bonnes & juſtes cauſes & conſiderations à ce nous mouvans, par l'avis de noſtre tres-chere & honorée Dame & mere, & des Princes de noſtre ſang, & gens de noſtredit Conſeil, avons ſtatué & ordonné, & par ces Presentes de nos certaines science, pleine puissance & autorité Royale, statuons & ordonnons par Edit perpetuel & irrevocable, voulons & nous plaist, Que d'oresnavant telle observance & maniere de succeder n'ait lieu, & ne soit suivie ni pratiquée en aucun endroit de nostre Royaume, & laquelle entant que besoin seroit, nous avons abrogée, & des puissances & autorité dessusdites, abrogeons par ces Presentes, voulons & nous plaist, Que les meres d'oresnavant ne succedent à leurs enfans, & que les biens desdits enfans provenus du pere, de l'ayeul, d'oncles collateraux ou autres, de quelque endroit que ce soit, du costé paternel, retourneront à ceux qui doivent retourner, sans que lesdites meres y puissent succeder.

Et pour ne laisser lesdites meres ainsi désolées de la perte de leursdits enfans, sans leur faire quelque avantage pour se pouvoir entretenir, Nous avons ordonné & ordonnons qu'elles succederont és meubles & conquests provenus d'ailleurs que du coste & ligne paternelle, ausquels lesdites meres ne succederont, comme dessus est dit. En outre ce voulons & ordonnons que pour tout droit de ligitime, part & portion dudit heritage, elles joüiront leur vie durant de l'usufruit de la moitié des biens propres appartenans à leursdits enfans avant qu'ils fussent decedez, sans que ores ne pour l'avenir elles y puissent pretendre aucun droit de proprieté.

Si donnons en mandement à nos amez & feaux les Gens tenans nos Cours de Parlemens, Prevost de Paris, Baillifs, Seneschaux ou leurs Lieutenans, & à tous nos autres Justiciers, que ces Presentes ils fassent lire, publier & enregistrer, garder, entretenir & observer de point en point, selon leur forme & teneur, sans souffrir ni permettre qu'il y soit aucunement contrevenu, en quelque sorte & maniere que ce soit. Et à ce faire, souffrir & obeïr, contraignent ou fassent contraindre lesdites veuves, & tous autres qu'il appartiendra, par toutes voyes & manieres deuës & raisonnables, nonobstant oppositions ou appellations quelconques, & sans préjudice d'icelles, pour lesquelles ne voulons estre differé : Car tel est nostre plaisir, nonobstant comme dessus, quelconques Constitutions, Loix, Coustumes, Edits, Ordonnances, Us, Stils, Restrictions, Mandemens, Défenses & Lettres à ce contraires. En témoin dequoi nous avons fait mettre & apposer nostre Scel à cesdites Presentes. Donné à saint Maur au mois de May, l'an de grace mil cinq cens soixante-sept ; & de nostre Regne le septiéme. Ainsi signé sur le repli, Par le Roy en son Conseil, DE L'AUBESPINE. Et scellé en cire verte & lacqs de soye.

Luës, publiées & enregistrée, ouy & ce consentant & requerant le Procureur general du Roy. A Paris en Parlement le vingt-neuviéme jour de Iuillet, l'an mil cinq cens soixante sept. Ainsi Signé, DU TILLET.

ORDONNANCE DE BLOIS

DU ROY HENRY III.

Du mois de May 1579.

Article XL.

POur obvier aux abus & inconveniens qui adviennent des Mariages clandestins, Avons ordonné & ordonnons, que nos Sujets, de quelque estat, qualité & condition qu'ils soient, ne pourront valablement contracter Mariages, sans proclamations precedentes des bans faits par trois divers jours de Festes, avec intervalle competant ; dont on ne pourra obtenir dispense, sinon aprés la premiere proclamation faite ; &

ce seulement pour quelque urgente ou legitime cause, & à la requisitio des principaux & plus proches parens communs des Parties contractantes; aprés lesquels bans seront épousez publiquement. Et pour pouvoir témoigner de la forme qui aura esté observée esdits Mariages, y assisteront quatre personnes dignes de foy, pour le moins, dont sera fait registre; le tout sur les peines portées par les Conciles. Enjoignons aux Curez, Vicaires & autres, de s'enquerir soigneusement de la qualité de ceux qui se voudront marier. Et s'ils sont enfans de famille, où estans en la puissance d'autruy, nous leur défendons tres-étroitement de passer outre à la celebration desdits Mariages, s'il ne leur apparoist du consentement des peres, meres, tuteurs ou curateurs, sur peines d'estre punis comme Fauteurs du crime de Rapt.

Article XLI.

Nous voulons que les Ordonnances cy-devant faites contre les enfans contractans Mariages sans le consentement de leurs peres, meres, tuteurs & curateurs, soient gardées; mesmement celle qui permet en ce cas les exheredations.

Article XLII.

Et neanmoins voulons, que ceux qui se trouveront avoir suborné fils ou fille mineurs de vingt-cinq ans, sous pretexte de Mariage, ou autre couleur, sans le gré, sceu, vouloir & consentement exprés de peres, meres & de tuteurs, soient punis de mort, sans esperance de grace & pardon; nonobstant tous consentemens que lesdits mineurs pourroient alleguer par aprés avoir donné audit rapt lors d'iceluy, ou auparavant. Et pareillement seront punis extraordinairement tous ceux qui auront participé au rapt, & qui y auront presté conseil, confort & ayde, en aucune maniere que ce soit.

Article XLIII.

Défendons à tous tuteurs accorder ou consentir le Mariage de leurs mineurs, sinon avec l'avis & consentement des plus proches parens d'iceux, tant paternels que maternels, sur peine de punition exemplaire.

Article XLIV.

Défendons pareillement à tous Notaires, sur peine de punition corporelle, de passer ou recevoir aucunes promesses de Mariage par paroles de present.

Article CCLXXXI. de la même Ordonnance de Blois.

Défendons à tous Gentilhommes & Seigneurs, de contraindre leurs Sujets & autres, bailler leurs filles, nieces ou pupilles en mariages à leurs serviteurs ou autre, contre la volonté & liberté qui doit estre en tels contrats, sur peine d'estre privez du droit de Noblesse, & punis comme coupables de rapt. Ce que semblablement nous voulons aux mêmes peines, estre observé contre ceux qui abusans de nostre faveur par importunité, ou plûtost subrepticement, ont obtenu ou obtiennent de Nous Lettres de cachet, closes ou patentes, en vertu desquelles ils font enlever ou sequestrer filles, icelles épousent ou font épouser, contre le gré & vouloir de pere, mere, parent, tuteurs, ou curateurs.

Article XXV. de l'Edit de Melun, du mois de Février 1580,

Nous défendons à nos Juges, qu'és causes de Mariages pendantes pardevant lesdits Ecclesiastiques, de faire défenses de passer outre au jugement d'icelles, sous pretexte de rapt, sans grande & apparente raison, dont nous chargeons leur conscience & honneur. Et neanmoins seront tenus les delateurs, ou parties instigantes, faire instruire & mettre en estat de juger ladite instance de rapt dans un an ; autrement & à faute de ce faire, sera passé outre au jugement desdits Mariages par lesdits Juges Ecclesiastiques. Voulons neanmoins l'article XI. dudit Edit des estats tenus à Blois, portant défenses aux Curez & Vicaires d'épouser aucuns enfans de famille, ou ceux qui sont en puissance d'autruy, s'il ne leur appert du consentement des peres & meres, tuteurs ou curateurs, estre inviolablement gardé sur les peines contenuës en iceluy Edit.

ORDONNANCE DU ROY

HENRY IV.

Du mois de Decembre 1606.

Article XII.

NOus voulons que les causes concernans les Mariages, soient & appartiennent à la connoissance & jurisdiction des Juges d'Eglise, à la charge qu'ils seront tenus de garder les Ordonnances, même celle de Blois en l'article 40. & suivant icelles, declarer les Mariages qui n'auront esté faits & celebrez en l'Eglise, & avec la forme & solemnité requise par ledit article, nuls & non valablement contractez, comme cette peine indicte par les Conciles. Et afin que les Evêques, chacun en leurs Dioceses, & les Curez en leurs Paroisses en soient avertis, & qu'ils ne faillent cy-aprés contre ladite Ordonnance, elle sera renouvellée & publiée de rechef, à ce que lesdits Evesques & Officiaux ayent d'oresnavant à juger conformément à icelle.

Ordonnance

ORDONNANCE DU ROY LOUIS XIII.

Du mois de Janvier 1629.

Article XXXIX.

L'Ordonnance de Blois touchant les Mariages clandestins, sera exactement observée, & y ajoûtant, Voulans que tous Mariages contractez contre la teneur de ladite Ordonnance, soient declarez non valablement contractez, faisant défenses à tous Curez & autres Prestres seculiers ou reguliers, sur peine d'amende arbitraire, celebrer aucun Mariage de personnes qui ne soient de leurs Paroisses, sans la permission de leurs Curez, ou de leur Evêque Diocesain, nonobstant tous Privileges à ce contraires, & seront tenus les Juges de l'Eglise juger les causes desdits Mariages, conformément à cet article.

Article CLXIX.

Desirant conserver l'autorité des peres sur leurs enfans, l'honneur & la liberté des Mariages, & la reverence deuë à un si saint Sacrement, & empêcher qu'à l'avenir plusieurs familles de qualité ne soient alliées de personnes indignes, & de mœurs dissemblables, avons renouvellé les Ordonnances pour la punition du crime de rapt. Et ajoûtant à icelles, Voulons que tous ceux qui commettront rapt, & enlevement des veuves, fils & filles, estans sous la puissance des peres, meres, tuteurs & parens, ou entreprendront de les suborner pour se marier, & qui auront aidé & favorisé tels Mariages, sans l'aveu & consentement de leurs parens, tuteurs & autres qui les auront en charge, soient punis comme infracteurs des Loix, & perturbateurs du repos public, & sera procedé contr'eux extraordinairement par punition de mort, & confiscation de biens, sur iceux préalablement pris les reparations adjugées, sans qu'il soit loisible aux Juges de nos Cours souveraines & autres, de moderer la peine établie par nostre presente Ordonnance. Enjoignons à cet effet à tous nos Juges d'informer promptement desdits crimes, si-tost qu'ils auront esté commis : Et à nos Procureurs generaux & leurs Substituts, d'en faire poursuite, encore qu'il n'y eut plainte ny partie, pour estre procedé au jugement, nonobstant oppositions & appellations quelconques, sur peine d'en répondre en leur nom. Et outre défendons tres-expressement à toutes personnes de quelque qualité ou condition qu'elles soient de favoriser, donner retraite, ou recevoir en leurs maisons lesdits coupables, ny retenir les personnes enlevées, à peine du rasement d'icelles, & de répondre solidairement, & leurs heritiers des reparations adjugées. Mêmes aux Capitaines & Gouverneurs qui commandent aux Places sous nostre autorité de ne les y admettre, ny recevoir sur les mêmes peines, & d'estre privez de leurs Charges, lesquels en ce cas avons declarées vacantes & impetrables, pour y estre par nous pourveu, sans qu'ils y puissent estre rétablis. Et afin de faire cesser telles entreprises, & qu'à l'avenir tels crimes ne puissent estre excusez & couverts : Voulons suivant les saints Decrets & les Constitutions Canoniques, tels Mariages faits avec ceux qui auront enlevé lesdites veuves, fils & filles, estre declarez nuls & de nul effet & valeur, comme non valablement ny legitimement contractez, sans que par le temps, consentement des personnes ravies, leurs parens & tuteurs, prestez avant ou aprés lesdits pretendus Mariages, ils puissent estre validez & confirmez : & que les enfans qui viendront desdits Mariages soient & demeurent bâtards & illegitimes, indignes de toutes successions, directes & collaterale qui leur pourroit écheoir : ensemble les parens qui auront assisté, donné conseil, aide & retraite, ou presté consentement ausdits pretendus Mariages, & leurs hoirs à toûjours, incapables de pouvoir succeder, directement ou indirectement ausdites veuves, fils ou filles, & desquels audit cas, nous les avons privez & declarez indignes, sans que lesdits enfans puissent estre legitimez, ny leurs parens rehabilitez pour recueïllir lesdits biens. Et si aucunes Lettres estoient impetrées de Nous, par importunité ou autrement, défendons à nos Juges d'y avoir égard.

DECLARATION DU ROY,

Portant reglement sur l'ordre qui doit estre observé en la celebration des Mariages ; & contre ceux qui commettent le crime de rapt.

Du 26. Novembre 1639.

LOUIS par la grace de Dieu, Roy de France & de Navarre : A tous ceux qui ces presentes Lettres verront, Salut. Comme les Mariages sont le Seminaire des Etats, la source & l'origine de la societé civile, & le fondement des familles, qui composent les Republiques, qui servent de principes à former leurs polices, & dans lesquelles la naturelle reverence des enfans envers leurs parens, est le lien de la legitime obeïssance des Sujets envers leur Souverain : Aussi les Rois nos predecesseurs ont jugé digne de leur soin de faire des Loix de leur ordre public, de leur décence exterieure, de leur honnesteté & de leur dignité. A cet effet ils ont voulu que les Mariages fussent publiquement celebrez en face d'Eglise, avec toutes les justes solemnitez, & les cérémonies qui ont esté prescrites comme essentielles par les saints Conciles, & par eux declarées estre non-seulement de la necessité du Precepte, mais encore de la necessité du Sacrement. Mais outre les peines indictes par les Conciles, aucuns de nosdits Predecesseurs ont permis aux peres & aux meres d'exhereder leurs enfans qui contractoient des Mariages clandestins sans leur consentement, & de revoquer toutes & chacunes les donations & avantages qu'ils leur avoient faits. Mais quoy-que cette Ordonnance fût fondée sur le premier Commandement de la seconde Table, contenant l'honneur & la reverence qui est deuë aux parens, elle n'a pas esté assez forte pour arrester le cours du mal & du desordre qui a troublé le repos de tant de familles, & flétry leur honneur par des alliances inégales, & souvent honteuses & infames. Ce qui depuis a donné sujet à d'autres Ordonnances qui desirent la proclamation de bans, la presence du propre Curé, & de témoins assistans à la benediction nuptiale, avec des peines contre les Curez, Vicaires & autres, qui passeroient outre à la celebration des Mariages des enfans de famille, s'ils ne leur apparoissoit des consentemens des peres & meres, tuteurs & curateurs, sur peine d'estre punis comme fauteurs du crime de rapt, comme les auteurs & les complices de tels illegitimes Mariages. Toutefois quelque ordre qu'on ait pû apporter jusques à maintenant, pour rétablir l'honnesteté publique, & des actes si importans, la licence du siecle, la dépravation des mœurs, ont toûjours prévalu sur nos Ordonnances si saintes & si salutaires, dont même la vigueur & l'observation a esté souvent relâchée, par la consideration des peres & meres qui remettent leur offense particuliere, bien qu'ils ne puisse remettre celle qui est faite aux Loix publiques. C'est pourquoy ne pouvant plus souffrir que nos Ordonnances soient ainsi violées, ny que la sainteté d'un si grand Sacrement, qui est le signe mystique de la conjonction de Jesus-Christ avec son Eglise, soit indignement profané : & voyans d'autre part, à nostre grand regret, & au préjudice de nostre Etat, que la plûpart des honnestes familles de nostre Royaume, demeurent en trouble par la subornation & enlevement de leurs enfans, qui trouvent eux-mêmes la ruine de leur fortune dans ces illegitimes conjonctions, Nous avons resolu d'opposer à la frequence de ces maux, la severité des Loix, & de retenir par la terreur de nouvelles peines, ceux que la crainte ny la reverence des Loix divines & humaines ne peuvent arrester ; n'ayans en cela autre dessein que de sanctifier le Mariage, regler les mœurs de nos Sujets, & empêcher que les crimes de rapt ne servent plus à l'avenir de moyens & de degrez pour parvenir à des Mariages avantageux. A CES CAUSES, aprés avoir mis cette affaire en deliberation en nostre Conseil ; De l'avis d'iceluy, & de nostre certaine science, pleine puissance & autorité Royale, Nous avons statué & ordonné, statuons & ordonnons ce qui ensuit :

PREMIEREMENT.

Nous voulons que l'article quarante de l'Ordonnance de Blois, touchant les Mariages clandestins, soit exactement gardé : & interpretant iceluy, Ordonnons que la proclamation des bans sera faite par le Curé de chacune des Parties contractantes, avec le consentement des peres, meres, tuteurs ou curateurs, s'ils sont enfans de famille, ou en la puissance d'autruy. Et qu'à la celebration du Mariage assisteront quatre témoins dignes de foy, outre le Curé qui recevra le consentement des Parties, & les conjoindra en Mariage suivant la forme pratiquée en l'Eglise. Faisons tres-expresses défenses à tous Prestres, tant seculiers que reguliers, de celebrer aucun Mariage, qu'entre leurs vrais & ordinaires Paroissiens, sans la permission par écrit des Curez des Parties, ou de l'Evêque Diocesain, nonobstant les Coûtumes immemoriales & privileges que l'on pourroit alleguer au contraire. Et ordonnons qu'il sera fait un bon & fidele registre, tant des Mariages que de la publication des bans, ou des dispenses, & des permissions qui auront esté accordées.

I I.

Le contenu en l'Edit de l'an 1556. & aux articles 41. 42. 43. & 44. de l'Ordonnance de Blois, sera observé : & y ajoûtant, Nous ordonnons que la peine de rapt demeure encouruë, nonobstant les consentemens qui pourroient intervenir puis aprés de la part des peres, meres, tuteurs & curateurs, dérogeant expressément aux Coûtumes qui permettent aux enfans de se marier aprés l'âge de vingt ans, sans le consentement des peres. Et avons declaré & déclarons les veuves, fils & filles, moindre de vingt-cinq ans, qui auront contracté Mariage contre la teneur desdites Ordonnances, privez & décheus par le seul fait, ensemble les enfans qui en naistront, & leurs hoirs, indignes & incapables à jamais des successions de leurs peres, meres & ayeuls, & de toutes autres directes & collaterales : comme aussi des droits & avantages qui pourroient leur estre acquis par Contracts de Mariages & Testamens, ou par les Coûtumes & Loix de nostre Royaume, même du droit de legitime ; & les dispositions qui seront faites au préjudice de cette nostre Ordonnance, soit en faveur des personnes mariées, ou par elles au profit des enfans nez de ces Mariages, nulles, & de nul effet & valeur. Voulons que les choses ainsi données, leguées ou transportées, sous quelque pretexte que ce soit, demeurent en ce cas acquises irrévocablement à nostre Fisque, sans que nous en puissions disposer qu'en faveur des Hôpitaux, ou autres œuvres pies. Enjoignons aux fils qui excedent l'âge de trente ans, & aux filles qui excedent celuy de vingt-cinq, de requerir par écrit l'avis & conseil de leurs peres & meres pour se marier, sous peine d'estre exheredez par eux, suivant l'Edit de l'an 1556.

III.

Declarons conformément aux saints Decrets & Constitutions Canoniques, les Mariages faits avec ceux qui ont ravi & enlevé des veuves, fils & filles de quelque âge & condition qu'ils soient, non valablement contractez; sans que par le temps, ni par le consentement des personnes ravies, & de leurs peres, meres, tuteurs & curateurs, ils puissent estre confirmez, tandis que la personne ravie est en la possession du ravisseur. Et neanmoins en cas que sous pretexte de majorité, elle donne un nouveau consentement aprés estre mise en liberté, pour se marier avec le ravisseur, nous la declarons, ensemble les enfans qui naistront d'un tel Mariage, indignes & incapables de legitime, & de toutes successions directes & collaterales qui leur pourront écheoir, sous quelque titre que ce soit, conformément à ce que nous ordonnons contre les personnes ravies par subornation; Et les parens qui auront assisté, donné conseil, & favorisé lesdits Mariages, & leurs hoirs, incapables de succeder directement ou indirectement ausdites veuves, fils & filles. Enjoignons tres-expressement à nos Procureurs Generaux & à leurs Substituts, de faire toutes les poursuites necessaires contre les ravisseurs & leurs complices, nonobstant qu'il n'y eust plainte de Partie civile, & à nos Juges de punir les coupables de peine de mort, & confiscation de biens, sur iceux préalablement prises les reparations qui seront ordonnées, sans que cette peine puisse estre moderée: Faisans deffenses à tous nos Sujets de quelque qualité &

condition qu'ils soient, de donner faveur ny retraite aux coupables, ny de retenir les personnes enlevées, à peine d'estre punis comme complices, & de répondre solidairement & leurs heritiers, des reparations adjugées, & d'estre privez de leurs Offices & Gouvernemens, s'ils en ont, dont ils encourreront la privation par le seul Acte de la contravention à cette défense.

IV.

Et afin qu'un chacun reconnoisse combien nous detestons toutes sortes de rapt, Nous défendons trés-expressement aux Princes & Seigneurs de nous faire instance pour accorder des Lettres, afin de rahabiliter ceux que nous avons declarez incapables de successions; à nos Secretaires d'Etat de les signer, & à nostre trés-cher & feal Chancelier de les sceller, & à tous Juges d'y avoir aucun égard, en cas que par importunité ou autrement, on en eust impetré aucunes de Nous, Voulans que nonobstant telles dérogations ou dispenses, les peines contenuës en nos Ordonnances soient executées.

V.

Desirant pourvoir à l'abus qui commence à s'introduire dans nostre Royaume, par ceux qui tiennent leurs Mariages secrets & cachez pendant leur vie, contre le respect qui est dû à un si grand Sacrement, Nous ordonnons que les majeurs contractent leurs Mariages publiquement, & en face de l'Eglise, avec les solemnitez prescrites par l'Ordonnance de Blois; & declarons les enfans qui naistront de ces Mariages, que les Parties ont tenus jusques icy, ou tiendront à l'avenir cachez pendant leur vie, qui ressentent plûtost la honte d'un concubinage, que la dignité d'un Mariage, incapables de toutes successions, aussi-bien que leur posterité.

VI.

Nous voulons que la mesme peine ait lieu contre les

enfans qui ſont nez des femmes que les peres ont entretenuës, & qu'ils épouſent lors qu'ils ſont à l'extremité de la vie : comme auſſi contre les enfans procréez par ceux qui ſe marient aprés avoir eſté condamnez à mort, même par les Sentences de nos Juges renduës par défaut, ſi avant leurs decés ils n'ont eſté remis au premier eſtat, ſuivant les Loix preſcrites par nos Ordonnances.

VII.

Défendons à tous Juges, même à ceux d'Egliſe, de recevoir la preuve par témoins des promeſſes de Mariage, ni autrement que par écrit, qui ſoit arreſté en preſence de quatre proches parens de l'une & l'autre des Parties, encores qu'elles ſoient de baſſe condition. SI donnons en mandement à nos amez & feaux Conſeillers les Gens tenans noſtre Cour de Parlement de Paris, Baillifs, Sénéchaux, Juges ou leurs Lieutenans, & à tous autres nos Juſticiers & Officiers qu'il appartiendra, que ces Preſentes ils faſſent lire, publier, regiſtrer, executer, garder & obſerver ſelon leur forme & teneur. Enjoignons à nos Procureurs generaux, leurs Subſtituts preſens & à venir, d'y tenir la main, & faire toutes les diligences requiſes & neceſſaires pour ladite execution. CAR tel eſt noſtre plaiſir. En témoin de quoy nous avons fait mettre noſtre Seel à ces Preſentes. DONNE' à Saint Germain en Laye le vingt-ſixiéme jour de Novembre, l'an de grace mil ſix cens trente-neuf, & de noſtre Regne le trentiéme. Signé, LOUIS. *Et plus bas*, Par le Roy, DE LOMENIE. Et ſcellée du grand Sceau de cire jaune. Et encore eſt écrit :

Leuës, publiées & Regiſtrées, oüy & ce requerant le Procureur general du Roy, pour eſtre executées, gardées & obſervées ſelon leur forme & teneur. A Paris en Parlement le dix-neuviéme jour de Decembre mil ſix cens trente-neuf. Signé, DU TILLET.

ARREST DE LA COUR DE PARLEMENT,

Qui juge qu'on ne peut estre contraint à executer une promesse de Mariage, sauf à payer des dommages & interests.

Du onze Avril 1645.

LOUIS par la grace de Dieu, Roy de France & de Navarre : Au premier des Huissiers de nostre Cour de Parlement, ou autre nostre Huissier ou Sergent sur ce requis, Salut, sçavoir faisons. Que comme le jour & date du present, comparant en nostredite Cour Marguerite Coudrier, appellante comme d'abus de la Sentence donnée par l'Official d'Angers le 30. Juillet 1643. d'une part, & Michel Nicier intimé, d'autre part. Veu par la Cour ladite Sentence dont est appel, par laquelle ledit Official d'Angers auroit condamné ladite Coudrier parachever le Mariage encommencé entre elle & ledit Nicier, en face de nostre Mere Sainte Eglise, Catholique, Apostolique & Romaine, le surplus des cerémonies à ce requis & accoûtumées, gardées & observées, à quoy faire elle seroit contrainte par toutes voyes deuës & raisonnables, mesme par Censures Ecclesiastiques en cas de refus d'y obeïr, & condamnée aux dépens de l'instance. Arrest d'appointé au Conseil du cinq Septembre 1644. Causes & additions de moyens d'abus de ladite Coudrier, contenant ses fins & conclusions, à ce qu'il fust dit avoir esté mal, nullement & abusivement jugé & ordonné, émendant qu'elle seroit envoyée des fins & conclusions dudit Nicier, joint son offre faite au Procés, de luy payer tels dépens, dommages & interests que de raison, & de rendre ce qu'il luy a donné en faveur dudit Mariage, ledit Nicier condamné en ses dépens depuis le jour de son offre, & aux dépens de la cause d'appel, dommages & interests par elle soufferts à cause dudit Procés, qui a servi d'empeschement à sa fortune. Reponses dudit Nicier, productions, contredits & salvations desdites Parties. Requeste de ladite Coudrier du 3. Avril 1645. à ce qu'en procedant au jugement dudit appel, il plust à la Cour, suivant sesdites offres faites & reïterées, prononcer sur les dommages & interests qui pourroient estre pretendus par ledit Nicier ; & encore aux offres qu'elle fait de rendre audit Nicier un sac de doubles valans lors vingt livres, à present reduits à la moitié, ensemble une bague & une coëffe à elle baillée par ledit Nicier, & le tout liquider à telle somme qu'elle verra bon estre. La Requeste communiquée à partie & mise au sac ; Conclusions de nostre Procureur General : Tout joint & consideré. NOSTREDITE COUR, dit, qu'il a esté mal, nullement & abusivement jugé, condamne ledit Nicier aux dépens de ladite cause d'appel. Et ayant égard à ladite Requeste, condamne ladite Coudrier suivant ses offres, aux dommages & interests, & restitution des choses à elle données par ledit Nicier. Si te mandons qu'à la Requeste de ladite Coudrier, mettes le present Arrest à execution selon sa forme & teneur, de ce faire te donnons pouvoir. Donné à Paris en nostre Parlement le onziéme Avril, l'an de grace mil six cens quarante cinq ; & de nostre Regne le deuxiéme. Signé, Par la Chambre, GUYET.

EDIT DU ROY

En faveur des Mariages.

Du mois de Novembre 1666.

LOUIS par la grace de Dieu, Roy de France & de Navarre : A tous presens & à venir, Salut. Bien que les Mariages soient les sources fecondes d'où dérivent la force & la grandeur des Etats, & que les Loix saintes & prophanes ayent également concouru pour en honorer la fertilité, & la favoriser de leurs graces : Neanmoins nous avons trouvé que par la licence des temps, ces privileges estoient aneantis, & la dignité des Mariages déprimée. Dans le dessein que nous avons d'en relever les avantages, nous croirions manquer à ce que nous devons à la felicité de nostre regne, si pour donner des marques de la consideration que nous avons pour ce lien sacré & politique, nous n'accordons, à l'exemple de tous les siecles, des distinctions d'honneur à sa fecondité, & des prérogatives qui en rendent le merite plus recommandable. En effet, nous ne sçaurions approuver que les Romains, ces sages Politiques, qui ont donné des Loix à toute la Terre, & regné par tout l'Univers, bien plus seurement par la sagesse & la justice de leur gouvernement, que par la terreur de leurs armes, ayent accordé des recompenses aux peres qui donneroient des enfans à l'Etat, & fourniroient des colonies à l'Empire pour répandre par tout le Monde la grandeur de leur nom, leur gloire & la reputation de leur vertu, & que par des usages contraires que nous apprenons estre receus dans les Tribunaux de nostre Royaume, ceux de nos Sujets qui vivent hors le Mariage, soient bien plus favorablement traitez dans la contribution aux charges publiques, que ceux lesquels s'y trouvent engagez. Et d'ailleurs informez de l'usage particulier de nostre Province de Bourgogne, suivant lequel, tous hommes & femmes qui ont douze enfans vivans, joüissent de l'exemption de toutes impositions. A quoy desirant pourvoir, en étendant ces mesmes graces à tous les sujets de nostre Royaume, & leur en accordant de nouvelles. A CES CAUSES, & autres considerations à ce nous mouvans; de l'avis de nostre Conseil, & de nostre grace speciale, pleine puissance & autorité Royale, nous avons statué & ordonné, & par ces Presentes signées de nostre main, statuons & ordonnons, voulons & nous plaist, que d'orénavant tous nos Sujets taillables, qui auront esté mariez avant ou dans la vingtiéme année de leur âge, soient & demeurent exempts de toutes contributions aux tailles, impositions & autres charges publiques, sans y pouvoir estre compris ni employez qu'ils n'ayent vingtcinq ans revolus & accomplis. Et à l'égard de ceux qui seront mariez dans la vingt-uniéme année de leur âge, qu'ils joüissent de la mesme exemption jusques à la vingt-quatriéme année de leur âge accomplie. Comme aussi voulons & nous plaist, que tout pere de famille qui aura dix enfans vivans, nais en loial Mariage, non Prestres, Religieux, ni Religieuses, soit & demeure exempt de la collecte, de toute taille, taillon, sel, subsides & autres impositions; tutelle, curatelle, logement de gens de guerre, contributions aux ustanciles, guet, gardes & autres charges publiques, si ce n'est qu'aucun desdits enfans soit mort portant les armes pour nostre service, auquel cas il sera censé & reputé vivant. Voulons pareillement que tout pere & chef de famille qui aura douze enfans vivans ou decedez comme dessus, soit en outre exempt de toutes tailles, taillon, subsides & impositions. Comme au contraire, que tous nos Sujets taillables qui ne seront mariez dans la vingt-uniéme année, soient compris & imposez aux tailles, & autres charges & impositions publiques, à proportion de leurs biens & moyens, commerce, arts & métiers, & autres employs ausquels ils se seront adonnez. Et comme la Noblesse est l'appuy le plus ferme des Couronnes, & qu'en la propagation des familles des Gentilshommes, consiste la principale puissance de l'Etat; aussi voulant témoigner la consideration que nous en faisons, & nous reservant d'en donner des marques plus particulieres de nostre estime à ceux qui se signaleront par leur vertu; Nous avons ordonné par ces mesmes Presentes, voulons & nous plaist, Que les Gentilshommes & leurs Femmes, qui auront dix enfans nais en loyal Mariage, non Prestres, Religeux, ni Religeuses, & qui seront vivans, si ce n'est qu'ils soient decedez portans les armes pour nostre service, joüissent de mil livres de pension par chacun an: Comme aussi ceux qui auront douze enfans vivans ou decedez comme dessus, de deux mil livres de pension. Voulons pareillement & nous plaist. Que les Habitans des Villes franches de nostre Royaume, Bourgeois non taillables ni nobles, & leurs femmes qui auront dix ou douze enfans, comme dessus, joüissent en l'un & l'autre cas, de la moitié des pensions accordées aux Gentilshommes & à leurs femmes, aux mesmes conditions cy-dessus mentionnées, & qu'ils demeurent en outre exempts du guet, gardes & autres charges de Ville. Et pour prevenir les fraudes & suppositions qui pourroient estre faites pour parvenir aux exemptions, privileges & graces portées par nostre presente concession; voulons & nous plaist, que les Particuliers taillables qui pretendront estre de la qualité requise pour joüir du benefice d'icelle, soient tenus de rapporter leurs Contrats de Mariages, & faire compulser les extraits de Baptêmes & Mortuaires de tous leurs enfans vivans & decedez avec les Asséeurs & Collecteurs des tailles de la Paroisse de leur domicile,

& nostre Procureur de l'Election du ressort, & de mettre le tout aux Greffes desdites Elections, certifiez par eux veritables, & qu'ils sont de la qualité requise par le present Edit, & aux termes d'iceluy; avec soumission, tant par eux que par deux de leurs plus proches parens, à la peine de mil livres d'amende, applicable au payement des tailles de la Paroisse de leur domicile, & d'estre procedé contr'eux extraordinairement comme faussaires, s'il se trouve avoir esté commis aucun dol, fraude ou supposition dans lesdits extraits & declarations, & qu'il soit prouvé celuy qui demandera l'exemption n'estre de la qualité requise; à laquelle preuve lesdits Asséeurs & Collecteurs, & nos Procureurs des Elections, seront perpetuellement receus: Et pour faire foy & justifier du service desdits enfans, & decés d'iceux dans la profession des armes, les peres & meres seront tenus aussi-tost de l'enrollement de leursdits enfans, d'en tirer du Commandant un certificat, & iceluy faire registrer au Greffe de l'Election, dans laquelle ils seront demeurans: comme aussi en cas de decés, pareil certificat du service & de la mort, sans que l'on puisse avoir aucun égard ausdits certificats de service & de mort, si ceux de l'enrollement n'ont esté rapportez & Registrez lors dudit enrollement, ainsi qu'il est dit cy-dessus. Lesquels certificats d'enrollement de service & de decés, seront envoyez par nos Procureurs des Elections aux Maistres des Requestes ordinaires de nostre Hostel qui seront par nous départis dans nos Provinces & Generalitez de leurs demeures, pour estre par eux envoyez au Controlleur general de nos Finances. Et en cas d'absence dudit Maistre des Requestes, Commissaire départi, nos Procureurs des Elections, seront tenus de les envoyer directement audit Controlleur general de nos Finances. Quant aux Gentilshommes, & leurs femmes, & aux Bourgeois & leurs femmes, non taillables ni Nobles, Habitans des Villes franches, ils seront tenus de representer leurs contrats de Mariages avec les certificats du nombre, état & qualité de leurs enfans, pardevant les Maistres des Requestes qui seront par nous départis dans les Generalitez de leurs domiciles; lesquels certificats seront attestez veritables; à l'égard des Gentilshommes & leurs femmes, par deux Gentilshommes leurs plus proches parens, qui feront soumission de demeurer déchus de leurs qualitez & prerogatives de Noblesse, s'il se trouve qu'ils ayent certifié contre la verité; & ceux des Habitans des Villes franches par le Juge principal des lieux, dont lesdits Commissaires départis dresseront leurs Procés verbaux, qu'ils envoyeront au Controlleur general de nos Finances, pour sur iceux estre lesdites pensions employées sur les Etats de nos Finances, & payées ausdits Gentilshommes & Bourgeois ou à leurs veuves leur vie durant, par les Receveurs de nos tailles des Elections, où ils seront demeurans, suivant les Etats qui en seront dressez par nos ordres. Si donnons en mandement à nos amez & feaux Conseillers les Gens tenans nostre Cour des Aydes à Paris, que ces Presentes ils ayent à registrer, & le contenu en icelles faire executer selon sa forme & teneur, cessant & faisant cesser tous troubles & empêchemens qui pourroient estre donnez au contraire, nonobstant tous Edits, Declarations, Arrests & Reglemens, Usages & autres choses à ce contraires, ausquelles nous avons derogé & dérogeons par ces Presentes; Car tel est nostre plaisir, Et afin que ce soit chose ferme & stable à toûjours, nous avons fait mettre nostre Scel à cesdites Presentes. Donne' à Saint Germain en Laye au mois de Novembre, l'an de grace mil six cens soixante-six. Et de nostre Regne le vingt-quatriéme. Signé, LOUIS. Et plus bas, Par le Roy, Phelypeaux. Visa, Seguier, pour servir aux Lettres en forme d'Edit, en faveur des Mariages.

Registrées

Regiſtrées en la Cour des Aydes, oüy le Procureur general du Roy, pour eſtre executées ſelon leur forme & teneur, ſuivant & aux charges portées par l'Arreſt d'aujourd'huy. A Paris en ladite Cour des Aydes les Chambres aſſemblées, le dix-neuviéme jour de Decembre mil ſix cens ſoixante-ſix. Signé, BOUCHER.

Extrait des Regiſtres de la Cour des Aydes.

VEU par la Cour, les Chambres aſſemblées, les Lettres Patentes du Roy en forme d'Edit, données à Paris au mois de Novembre mil ſix cens ſoixante-ſix, Signé, LOUIS. Et plus bas, Par le Roy, PHELYPEAUX ; à coſté, Viſa, SEGUIER. Et ſcellées du grand Sceau de cire verte, ſur lacs de ſoye rouge & verte. Par leſquelles & pour les cauſes y contenuës, ledit Seigneur Roy, de l'avis de ſon Conſeil, & de ſa certaine ſcience, pleine puiſſance & autorité Royale ; Statuë, ordonne, veut & luy plaiſt, Qu'à l'avenir tous ſes Sujets taillables qui auront eſté mariez avant ou dans la vingtiéme année de leur âge, ſoient & demeurent exempts de toutes contributions aux tailles, impoſitions & autres charges publiques, ſans y pouvoir eſtre compris & employez, qu'ils n'ayent vingt-cinq ans revolus & accomplis. Et à l'égard de ceux qui ſeront mariez dans la vingt-uniéme année de leur âge, qu'ils joüiſſent de la même exemption juſques à la vingt-quatriéme année de leur âge. Comme auſſi que tout pere de famille qui aura dix enfans, nais en loyal Mariage, non Preſtres, Religieux ni Religieuſes, ſoit & demeure exempt de la collecte de toutes tailles, taillons, ſel, ſubſides &

autres impoſitions ; tutelle, curatelle, logement de gens de guerre, contribution aux uſtanciles, guet, garde, & autres charges de Villes, ſi ce n'eſt qu'aucun deſdits enfans ſoient morts portant les armes pour ſon ſervice ; auquel cas il ſera cenſé & reputé vivant. Veut pareillement ledit Seigneur Roy, que tout pere & chef de famille qui aura douze enfans vivans ou decedez, comme deſſus eſt dit, ſoit en outre exempt de toutes tailles, taillons, ſubſides & impoſitions. Comme au contraire, que tous les Sujets taillables qui ne ſeront mariez dans la vingt-uniéme année ſoient compris & impoſez aux tailles, & autres charges & impoſitions publiques, à proportion de leurs biens & moyens, commerce, arts, métiers & autres emplois, auſquels ils ſe ſeront adonnez. Comme auſſi auroit ledit Seigneur Roy, ordonné que les Gentilshommes & leurs femmes, qui auront dix enfans nais en loyal Mariage, non Preſtres, Religieux ni Religieuſes, & qui ſeront vivans, ſi ce n'eſt qu'ils ſoient decedez portans les armes pour ſon ſervice joüiſſent de mil livres de penſion par chacun an. Comme auſſi ceux qui auront douze enfans vivans ou decedez, comme deſſus, joüiſſent de deux mil livres de penſion. Voulant pareillement ledit Seigneur Roy, que les Habitans des Villes franches de ce Royaume, Bourgeois non taillables, ni Nobles & leurs femmes, qui auront dix ou douze enfans, comme deſſus, joüiſſent en l'un & l'autre cas de la moitié des penſions accordées aux Gentilshommes & à leurs femmes aux mêmes conditions cy-deſſus mentionnées, & qu'ils demeurent en outre exempts de guet, gardes & autres charges de Ville, ainſi qu'il eſt plus au long porté par leſdites Lettres à la Cour adreſſantes, pour la verification & enregiſtrement d'icelles. Les concluſions du Procureur general dudit Seigneur Roy : Et tout conſideré. LA COUR a ordonné & ordonné. Que leſdites Lettres ſeront regiſtrées au Greffe d'icelle, pour eſtre executées ſelon leur forme & teneur ; à la charge que les Particuliers qui contracteront Mariage en la vingt-uniéme année de leur âge & au deſſous; & qui prendront à ferme des terres & heritages d'autruy, ſeront taxez & impoſez és rolles des tailles, eu égard ſeulement au profit qu'ils feront eſdites Fermes & exploitations. Que les mineurs de vingt-cinq ans non mariez, qui ne feront trafic, commerce, & ne tiendront ferme d'autruy, & les fils de famille demeurans avec leurs peres & meres, qui ne feront pareillement aucun trafic, commerce, & ne tiendront ferme d'autruy, & qui ne poſſederont aucuns biens ne pourront eſtre impoſez aux rolles des tailles. Que les compulſoires des extraits de Bapteſmes & Mortuaires deſdits enfans vivans & decedez, ſeront faits avec les Procureurs Syndics des Paroiſſes, les Aſſéeurs & Collecteurs en charge, & Subſtituts du Procureur general du Roy eſdites Elections, chacun dans leur Reſſort ; & que les Procés & differens qui naiſtront en execution dudit Edit, ſeront inſtruits & jugez en premiere inſtance pardevant les Officiers des Elections, & par appel en la Cour. Et que copies collationnées deſdites Lettres & du preſent Arreſt, ſeront envoyées és Sieges deſdites Elections, pour y eſtre luës & publiées les Audiances tenans, à la diligence des Subſtituts du Procureur general en icelle. Fait à Paris en la Cour des Aydes, & les Chambres aſſemblées, le neuviéme jour de Decembre mil ſix cens ſoixante-ſix. Signé, BOUCHER.

ARREST DE LA COUR DE PARLEMENT,

Du dix-huit Février 1677.

Qui fait défenſes à tous Juges, même aux Officialitez, d'ordonner dans les cauſes de Mariage la preuve du Congrez.

Extrait des Regiſtres de Parlement.

ENTRE Meſſire René de Cordoüan, Chevalier, Marquis de Langey, tant en ſon nom que comme heritier de Meſſire Jacques de Cordoüan, Chevalier, & de Dame Anne de la Noüe, & de Dame Marie Hatte ſes pere & mere, & ayeule; Demandeurs en lettres en forme de Requeſte civile, obtenuës en Chancellerie le 7. Septembre 1675. contre l'Arreſt du 8. Février 1659 donné entre luy & Dame Marie de Saint Simon, d'une part: & Meſſire Jacques de Chaumont, Chevalier, Marquis de la Force & de Boiſſe, tant en ſon nom que comme tuteur des enfans mineurs de ladite défunte de Saint Simon ſon épouſe, défendeur d'autre: Et encore entre ledit Marquis de Langey, demandeur en autres lettres en forme de Requeſte civile, obtenuës en Chancellerie le 29 Janvier 1676. contre les Arreſts donnez entre ledit de Cordoüan & ledit de la Force, & ladite de Saint Simon, les 5. & 27. Juillet 1663. 6. Septembre 1666. 20. Aouſt 1667. & 5. Septembre 1675. & de reſtitution contre tous les actes approbatifs deſdits Arreſts, auſſi d'une part: & ledit Marquis de la Force, eſdits noms & qualitez, défendeur d'autre;

& encore entre Dame Diane de Montault de Navailles, épouſe dudit Marquis de Langey, autoriſée en Juſtice à la pourſuite de leurs droits, & Maiſtre Jean de Narbone Bourgeois de Paris, tuteur de Philippes, Jacques, Judicq, Henry, Benjamain, René & Anne-Henriette de Cordoüan, enfans mineurs deſdits Marquis de Langey, & Diane de Montault de Navailles demandeurs en Requeſte du 11. Juin 1676. à ce qu'ils fuſſent receuës parties intervenantes en ladite cauſe de Requeſte civile, pendante en la Cour entre ledit de Cordoüan, Marquis de Langey, & ledit Marquis de la Force & de Boiſſe, & oppoſans à l'execution des Arreſts contre leſquels ledit Marquis de Langey s'eſtoit pourvû; & faiſant droit ſur ladite intervention & oppoſition, que les parties fuſſent miſes en tel eſtat qu'elles eſtoient avant leſdits Arreſts, & ledit Marquis de la Force & de Boiſſe condamné en tous leurs dommages & intereſts & aux dépens, auſſi d'une part: & ledit Marquis de la Force & de Langey, défendeurs d'autre: aprés que les Plaidoïers faits par Pageau Avocat pour ledit Marquis de Langey, Blondeau pour ladite Dame Diane de Montault de Navailles, Chardon Avocat pour les Damoiſelles de la Force, & Noüette Avocat pour ledit Marquis de la Force, ont eſté oüis pendant douze Audiances; enſemble de la Moignon pour le Procureur General du Roy. LA COUR, a eû deliberé au Conſeil ſur le Regiſtre, ſuivant l'Arreſt donné en plaidant le Janvier dernier, vû l'Arreſt du Conſeil d'Eſtat donné en commandement du 13. du preſent mois de Février, Signé Colbert, portant pouvoir à la Cour de Juger le reſcindant & le reſciſoire, nonobſtant l'Ordonnance de 1667. les Parties oüies au Conſeil pour ce mander, & encore aprés que l'Audiance tenante les Avocats ont derechef conclud, ſçavoir, Pageau en ſes lettres en forme de Requeſte civile, Blondeau en ſon intervention & oppoſition,

Chardon & Noüette, à ce que les Parties de Pageau & de Blondeau, fussent declarées non recevables en leurs Lettres en forme de Requeste civile, & opposition : Oüy aussi derechef de la Moignon pour le Procureur General du Roy, qui a dit que l'Arrest du Conseil d'Estat & le consentement presté par les Parties, lesquelles auroient esté entenduës au Conseil, auroient changé l'estat de l'affaire, & donnoient pouvoir à la Cour de terminer entierement les differends qui avoient engagé les parties dans une longue suite de Procés, que cet Arrest leur donnoit aussi l'occasion qu'ils avoient souhaité & qu'ils avoient solemnellement protesté lors de la plaidoirie de la cause de ne laisser passer lors qu'elle se presenteroit, de demander à la Cour qu'il luy plust abolir la preuve inutile & infame de Congrez, qu'ainsi qu'aprés qu'il auroit esté fait droit sur les contestations des Parties suivant le consentement par elles presté, ils requeroient faisant droit sur leurs conclusions, que deffenses fussent faites à tous Juges, mesme des Officialitez d'ordonner à l'avenir dans les causes de Mariage la preuve du Congrez, que l'Arrest qui interviendra fust leu, publié & enregistré au Chastelet de Paris, envoyé aux Bailliages & Senéchaussées du Ressort de la Cour, ensemble dans les Officialitez à la diligence du Substitut du Procureur General du Roy & des Procureurs dudit Seigneur Roy en Cour Ecclesiastique, qui seront tenus d'en certifier la Cour au mois. LA COUR aprés qu'elle en a déliberé sur le Registre, & que les Parties pour ce mandées ont esté oüies au Conseil, a receu la Partie de Blondeau Partie intervenante, & sans s'arrêter à son intervention, declare les Parties de Pageau & Blondeau non recevables en leurs Lettres en forme de Requeste civile & opposition, & neanmoins ordonne que toutes les sommes adjugées par les Arrests contre lesquels les Parties de Pageau & de Blondeau se sont pourveuës, demeureront reduites à la somme de soixante-cinq mil livres, tant pour les principaux interests, sommes liquidées & à liquider, dépens, & generalement pour toutes les prententions des Parties de Chardon & de Nouëtte; condamne la Partie de Pageau en l'amende, tant envers le Roy que les Parties, dépens de la presente cause compensez. Et faisant droit sur les conclusions du Procureur General du Roy, fait défenses à tous Juges, mesme à ceux des Officialitez d'ordonner à l'avenir dans les causes de Mariage la preuve du Congrez. Ordonne, que le present Arrest sera leu, publié & enregistré au Chastelet de cette Ville de Paris, & envoyé aux Bailliages & Senéchaussées du Ressort, pour y estre pareillement leu, publié & enregistré aux Officialitez; Enjoint aux Substituts du Procureur General du Roy sur les lieux, & aux Procureurs dudit Seigneur Roy en Cour Ecclesiastique, d'y tenir la main, & de certifier la Cour au mois. FAIT en Parlement le 18. Février 1677. Signé par Collation, JACQUES.

ARREST DE LA COUR DE PARLEMENT,

Du cinquiéme Septembre 1680.

Portant défenses aux Notaires à peine d'interdiction, de passer à l'avenir aucuns Actes, par lesquels les hommes & les femmes declarent qu'ils se prennent pour maris & femmes.

Extrait des Registres du Parlement.

ENtre Damoiselle Elisabeth Parisot, joüissante de ses droits, appellante de la permission d'informer : Information, Decret d'assignée, pour estre oüie, decernée par le Lieutenant Criminel du nouveau Chastelet, le 4. Septembre 1676. conversion, & de tout ce qui s'en est ensuivi, d'une part ; & Messire Estienne Lautin, Conseiller du Roy, Maistre en sa Chambre des Comptes de Bourgogne, intimé, d'autre ; Et entre Philippes Lautin, Escuyer fils, demandeur en Requeste du 8. Février 1680. afin d'intervention, d'une autre part ; Et entre Maistre Pierre Alexandre Jarrosson, Avocat en la Cour, Curateur de la pretenduë Geneviéve Lautin, fille d'Elisabeth Parisot, Demandeur en Requeste d'intervention du 23. Juillet 1680. d'une autre part ; Et ledit Messire Estienne Lautin, Maistre des Comptes, Philippes Lautin, & ladite Elisabeth Parisot, défendeurs d'autre. VEU PAR LA COUR l'information faite par le Commissaire Diévre, à la Requeste de Messire Estienne Lautin, Conseiller du Roy, Maistre ordinaire en sa Chambre des Comptes de Bourgogne, & de Catherine Malteste son épouse, contre les nommées Elisabeth Parisot & Fleuriot, pour raison du rapt & seduction par elle commis en la personne de leur fils, les 29. & 30. Juillet 1676. & autres jours suivans ; au bas de laquelle information est un Decret d'assignée, pour estre oüie, decerné contre ladite Parisot, le 14. Septembre audit an 1676. par le Lieutenant Criminel du Chastelet. Arrest de la Cour du 30. Juin 1577. obtenu sur Requeste par ladite Elisabeth Parisot, par lequel elle auroit esté receuë appellante de la Permission d'informer. Information & Decret contre elle decerné ; avec défenses de passer outre, & de mettre ledit Decret à execution, ladite Requeste dudit Philippes Lautin fils, du 8. Février 1680. à ce qu'il plût à la Cour le recevoir partie, qu'intervenante en la cause d'appel pendante en la Cour, entre ladite Parisot & ledit sieur Lautin pere ; & y faisant droit, luy donner acte de ce qu'il adhere aux plaintes, demandes & concluſions de ſes pere & mere contre ladite Pariſot; ce faiſant en mettant les appellations par elle interjettées au néant, renvoyer les parties & conteſtations au Chaſtelet, pour eſtre le procés fait & parfait à ladite Pariſot, juſques à Sentence diffinitive incluſivement, ſauf l'appel. Arreſt du 5. Juillet dernier, par lequel la cauſe eſtant au rolle de la Tournelle Criminelle, ſur l'appel auroit appointé les Parties au Conſeil, & ſur l'intervention en droit & joint. Requeſte de ladite Pariſot du 29. Juillet dernier, par elle employée pour cauſes & moyens d'appel, & de nullité contre la plainte & informations contre elle faites à la requeſte dudit Lautin pere; & en conſequence, la renvoyer quitte & abſous de la calomnieuſe accuſation contre elle intentée, enjoindre audit Lautin fils, qui ſeroit debouté de ſon intervention, de traiter ladite Pariſot, comme ſa femme & legitime épouſe; & au cas que la Cour fiſt quelque difficulté dans la confirmation dudit Mariage, condamner leſdits Lautins pere & fils ſolidairement en la ſomme de trente mil livres; à laquelle elle ſe reſtraignoit, pour ſes dommages & intereſts, & en outre en tous les dépens du procés auſſi ſolidairement, dont acte auroit eſté octroyé, icelle ſignifiée ledit jour vingt-neuf Juillet. Requeſte dudit Eſtienne Lautin du premier Aouſt par luy employée pour réponſe auſdites cauſes & moyens d'appel, & en conſequence en procedant au jugement de l'appel, faire défenſes à ladite Pariſot de prendre la qualité de femme dudit Lautin fils, & pour l'avoir priſe la condamner en telle amende qu'il plairoit à la Cour, & aux dommages, intereſts & dépens, dont acte auroit eſté donné. production deſdits Lautin & de ladite Pariſot. Requête dudit Eſtienne Lautin pere, par luy employée pour contredits contre la production de ladite Pariſot, dont acte auroit eſté octroyé, icelle ſignifiée le 5. dudit mois d'Aouſt dernier. Autre Requeſte dudit Philippe Lautin fils du même jour 5. Aoust, aussi employée pour contredits contre la production de ladite Parisot. Requeste de ladite Parisot du 19. dudit mois d'Aoust par elle employée pour contredits contre la production dudit sieur Lautin. Requeste d'iceluy Lautin par luy employée pour réponses & salvations à la Requeste des contredits de ladite Parisot, dont acte auroit esté octroyée, icelle signifiée le 20 dudit mois d'Aoust. Requeste dudit Philippes Lautin du 16. dudit mois de Juillet par luy employée pour production sur son intervention, & en consequence faire défenses à ladite Parisot de prendre la qualité de sa femme, la condamner en ses dommages, interests & dépens, sur laquelle est l'Ordonnance de la Cour, portant ait acte & sur le surplus en jugeant. Sommation à ladite Parisot de produire sur ladite intervention, même fournir de contredits, & sur la demande portée par ladite Requeste du 16. ladite Requeste presentée par ledit Pierre-Alexandre Jarrosson le 23. Juillet dernier, à ce qu'il fust receu partie intervenante en ladite Instance, luy donner acte de ce que pour moyen d'intervention il employoit le contenu en sa Requeste, & en consequence faisant droit sur icelle, ordonner qu'il auroit communication de l'Instance pour y déduire ses moyens, & prendre telles conclusions qu'il aviseroit bon estre. Arrest du 31. dudit mois de Juillet, par lequel ledit Jarrosson auroit esté receu partie intervenante au procés, & acte de l'employ par luy fait. Requeste dudit Estienne Lautin du 5. Aoust dernier, par luy employée pour écritures & production sur l'intervention dudit Jarrosson, dont acte auroit esté octroyé. Requeste dudit Jarrosson du 12. dudit mois d'Aoust par luy employé pour moyens d'intervention, & en consequence faisant droit sur icelle, il pleust à la Cour maintenir Geneviéve Lautin mineure, dans son estat de fille legitime desdits Lautin & Parisot, & en cas que sondit estat pust recevoir quelque atteinte, ordonner des choses necessaires pour le soûtient de la vie de ladite mineure, même pour ses pensions depuis le jour de sa naissance, qui sont prés de huit années, proportionnément aux biens, à la fortune, & à la naissance de ses pere & mere, & en cas d'Instance de la part dudit Lautin fils, le condamner aux dépens, luy donner acte de ce que pour écritures & production sur ladite demande, il employoit le contenu en sa Requeste, les pieces y attachées, & la production de la Damoiselle Parisot, sur laquelle requeste est l'Ordonnance de la Cour portant ait acte, & que les défendeurs fourniroient de réponses & produiroient dans trois jours & joint. Requeste desdits Lautin pere & fils du 13. dudit mois d'Aoust par eux employée pour défenses, écritures & production sur la demande portée par ladite Requeste du 12. dont acte auroit esté octroyé. Autre requeste dudit Philippes Lautin du 27. dudit mois d'Aoust, à ce qu'il pleust à la Cour faire défenses à ladite Parisot de prendre la qualité de sa femme, & qu'elle seroit rayée des actes où elle l'a employée, luy donner acte de ce que pour production sur ladite demande il employoit le contenu en sa requeste, & ce qu'il a dit & produit, sur laquelle requeste est l'Ordonnance de la Cour, portant ait acte, & que la défenderesse fourniroit de défenses, & produiroit dans trois jours. Requeste de ladite Parisot du 30. dudit mois d'Aoust, par elle employée pour deffenses, écritures & production sur la demande dudit Lautin, luy donner acte de ce qu'elle adhere aux Conclusions de ladite Damoiselle Lautin sa fille, & où la Cour feroit difficulté de confirmer son estat de fille legitime d'elle & dudit Lautin, ordonner qu'elle seroit mise en ses mains pour la conduire, & luy donner l'éducation, sur laquelle Requête auroit esté mis ait acte, & au surplus en jugeant. Requeste dudit Jarrosson du 30. dudit mois d'Aoust, par luy employée pour défenses, écritures & production contre les demandes portées aux Requestes des 27. & 30. dudit mois, & luy donner acte de ce que, où la Cour feroit difficulté de confirmer son estat de fille legitime dudit Lautin & de ladite Parisot; il consentoit que ladite mineure fust mise és mains de ladite Parisot, dont acte auroit esté octroyé, icelle requeste signifiée ledit jour 31. Aoust. Production nouvelle dudit Lautin, Maistre des Comptes suivant sa Requeste du 17. dudit mois d'Aoust. Requeste de ladite Parisot du 26. dudit mois d'Aoust, par elle employée pour contredits contre ladite production nouvelle. Acte passé pardevant Loyer & Lange, Notaires au Chastelet de Paris, le 3. Mars 1672. par ledit Philippes Lautin & ladite Elisabeth Parisot, par laquelle appert qu'ils se seroient transportez en la maison du sieur Benjamin, Official & grand Vicaire de l'Archevêque de Paris, auquel lesdits Lautin & Parisot auroient dit qu'ils estoient dans le dessein & volonté de se prendre par nom & loy de Mariage, l'auroient prié & requis de celebrer & solemniser iceluy Mariage, lequel auroit fait réponses qu'il ne pouvoit faire ladite celebration par les raisons qu'il avoit cy-devant dites ausdits Lautin & Parisot, ce qu'ils auroient pris pour refus, & auroient requis acte dudit refus, & de ce qu'ils auroient declaré audit sieur grand Vicaire, qu'ils se prenoient par nom & loy de Mariage, ce qui leur auroit esté octroyé par lesdits Notaires, en la maison dudit sieur grand Vicaire. Conclusions du Procureur General du Roy : Oüy le Rapport de Maistre Philippes Genoud, Conseiller. Tout consideré, DIT A ESTÉ QUE LADITE COUR faisant droit sur le tout, sans s'arrester à l'intervention dudit Jarrosson audit nom de curateur de ladite Geneviéve Lautin, a mis & met l'appellation, & ce dont a esté appellé au neant, émendant évoquer le principal; & y faisant droit, a mis sur l'extraordinaire les Parties hors de Cour & de procés, condamne ledit Philippes Lautin fils, prendre ladite Geneviéve Lautin, dont ladite Parisot est accouchée, icelle faire nourrir, entretenir & élever en la crainte de Dieu, Religion Catholique, Apostolique & Romaine, dont il sera tenu rapporter certificat au Substitut du Procureur General du Roy en la Justice ordinaire des lieux, de trois mois en trois mois; & pourra ladite Parisot, sa mere, la voir & visiter, quand bon luy semblera; condamne en outre ledit Lautin fils en cinq cens livres de dommages & interests vers ladite Parisot, & aux dépens fait à son égard, du jour de son intervention; & ayant égard à la demande dudit Lautin fils du 27. Aoust dernier, fait défenses à ladite Parisot de se dire & prendre la qualité de femme d'iceluy Lautin fils, dépens compensez à l'égard dudit Lautin pere, & Jarrosson audit nom; & faisant droit sur les conclusions du Procureur general du Roy, fait deffenses à tous Notaires, à peine d'interdiction, de passer à l'avenir aucuns Actes, par lesquels les hommes & femmes declarent qu'ils se prennent pour maris & femmes sur les refus qui leur seront faits par les Archevêques & Evéques, leurs grands, Vicaires ou Curez, de leur conferer le Sacrement de Mariage, à la charge par lesdits Prelats, leurs grands Vicaires & Curez, de donner des Actes par écrit, qui contiendront les causes de leur refus, lors qu'ils en seront requis, & sera le present Arrest signifié aux Syndic de la Communauté des Notaires de cette Ville de Paris, à la Requeste du Procureur general du Roy. Fait en Parlement le cinquiéme Septembre mil six cens quatre-vingt. Signé, DONGOIS, Collationné.

EDIT DU ROY,

Portant défenses aux Catholiques de contracter Mariage avec ceux de la religion pretenduë reformée.

Du mois de Novembre 1680.

LOUIS par la grace de Dieu, de France & de Navarre : A tous presens & à venir, Salut. Les Canons des Conciles tenus en divers temps dans l'Eglise, ayant condamné les Mariages des Catholiques avec les Heretiques, comme un scandale public, & une profanation visible, d'un Sacrement auquel Dieu a attaché des graces qui ne peuvent estre communiqués à ceux qui sont actuellement hors de la Communion des Fideles : Nous avons esté d'autant plus necessaire de les empêcher à l'avenir, que nous avons connu que la tolerance de ces Mariages expose les Catholiques à une tentation continuelle de se pervertir; & par consequent aux peines portées par nostre Edit du mois de Juin dernier; à quoy estant necessaire de remedier, d'empescher en mesme temps un abus si contraire à la discipline de l'Eglise Catholique. A CES CAUSES, & autres considerations à ce nous mouvans, Nous avons dit & declaré, disons & declarons par ces Presentes, signées de nostre main, voulons & nous plaist, Qu'à l'avenir nos Sujets de la Religion Catholique, Apostolique & Romaine, ne puissent sous quelque pretexe que ce soit, contracter Mariage avec ceux de la Religion pretenduë reformée, declarant tels Mariages non valablement contractez, & les enfans qui en proviendront illegitimes & incapables de succeder aux biens, meubles & immeubles de leurs peres & meres. Si donnons en mandement à nos amez & feaux Conseillers les Gens tenans nostre Cour de Parlement de Paris, que le present Edit ils ayent à faire lire, registrer, publier & executer selon sa forme & teneur, sans permettre qu'il y soit contrevenu en quelque sorte & maniere que ce soit : Car tel est nostre plaisir. Et afin que ce soit chose ferme & stable à toûjours, Nous avons fait mettre nostre Scel à cesdites Presentes. Donné à Versailles au mois de Novembre, l'an de grace mil six cens quatre-vingt ; Et de nostre Regne le trente-huitiéme. Signé, LOUIS. Et plus bas, Par le Roy, COLBERT. Et scellé de cire verte, en lacs de soye rouge & verte,

Registré en Parlement le deuxiéme Decembre 1680. Signé, JACQUES.

ARREST DU CONSEIL D'ESTAT.

Du treize Decembre 1681.

Portant défenses à tous Curez & Prestres, même à ceux dont les Paroisses sont scituées dans des Dioceses étrangers, de celebrer aucuns Mariages entre les Sujets de Sa Majesté, si ce n'est en observant ce qui est prescrit par les Regles de l'Eglise, & les Ordonnances du Royaume.

Extrait des Registres du Conseil d'Estat du Roy.

SUR l'avis donné au Roy estant en son Conseil, que bien que suivant les Regles de l'Eglise, les

Mariages ne puissent estre valablement celebrez, qu'en presence du propre Curé de la Paroisse de l'une des Parties contractentes, & sans le consentement des pere & mere, quand lesdites parties sont au dessous de l'âge requis par les Loix du Royaume. Neanmoins sur les frontieres d'iceluy, & particulierement dans les Terres de l'obeïssance de Sa Majesté, qui sont des Dioceses étrangers, il se fait plusieurs Mariages par les Prêtres & Curez desdits Dioceses, entre gens de condition inégale, même entre des Soldats & des filles de famille, non seulement sans le consentement des peres & meres, mais même sans observer les Regles prescrites par l'Eglise, qu'ainsi les Conjoints vivans sous la foy d'un Sacrement qui n'en a que les apparences, lesdits Mariages estans nuls, il s'ensuit plusieurs desordres dans les familles; Et Sa Majesté voulant les faire cesser par son autorité, & faire joüir ses peuples d'une tranquillité parfaite. SA MAJESTE' estant en son Conseil a deffendu & deffend à tous Curez & Prestres, demeurans és Terres de son obeïssance, même à ceux dont les Paroisses qu'ils desservent sont scituées dans des Dioceses étrangers, de celebrer aucuns Mariages, soit entre des Officiers & Soldats de ses Troupes, ou d'autres, de quelque qualité & condition qu'ils soient, avec des filles ou femmes domiciliées, si ce n'est en observant ce qui est prescrit par les Regles de l'Eglise, & les Ordonnances du Royaume, à peine d'estre punis comme fauteurs & complices du crime de Rapt, suivant les Ordonnances. Deffend aussi Sa Majesté à tous ses Sujets de s'aller marier hors les Terres de son obeïssance, qu'aprés y avoir demeuré le tems qui est requis pour pouvoir estre reputez Paroissiens, à peine contre les contrevenans d'amende arbitraire. FAIT au Conseil d'Etat du Roy, Sa Majesté y estant, tenu à Saint Germain en Laye, le treiziéme jour de Decembre mil six cens quatre-vingt-un. Signé, LE TELLIER.

Loüis

LOUIS par la grace de Dieu, Roy de France & de Navarre : au premier noſtre Huiſſier ou Sergent ſur ce requis, Nous te mandons & commandons par ces Preſentes ſignées de noſtre main, que l'Arreſt cy-attaché ſous le contreſcel de noſtre Chancellerie, ce jourd'huy donné en noſtre Conſeil d'Eſtat Nous y eſtant, tu ſignifies à tous qu'il appartiendra, à ce qu'ils n'en pretendent cauſe d'ignorance, & faſſes au ſurplus pour l'entiere execution d'iceluy, tous exploits, ſignifications & autres Actes requis & neceſſaires, ſans pour ce demander autre congé ny permiſſion, Car tel eſt noſtre plaiſir. Donné à Saint Germain en Laye, le treiziéme jour de Decembre, l'an de grace mil ſix cens quatre-vingt-un, & de noſtre Regne le trente-neuviéme. Signé, LOUIS. Et plus bas, Par le Roy, LE TELLIER.

DECLARATION DU ROY,

Portant revocation des Privileges & Exemptions accordez aux Peres de famille ayant dix ou douze enfans, par Edit du mois de Novembre 1666. *cy-devant page* 28.

Du treize Janvier 1683.

LOUIS par la grace de Dieu, Roy de France & de Navarre : A tous ceux qui ces Preſentes Lettres verront, Salut. Nous avons eſté informez des abus qui ſe ſont introduits dans l'exécution de noſtre Edit du mois de Novembre 1666. par lequel nous avons accordé aux peres de famille ayans dix enfans vivans, l'exemption de la collecte de nos deniers, &

de toutes autres charges publiques. Et à ceux qui en ont douze, celle des tailles & des mesmes charges ; & que contre la disposition & les termes précis de nostre Edit, nostre Cour des Aydes conserve les privileges aux peres de famille qui cessent d'avoir le nombre de dix ou douze enfans, encores qu'ils ne soient decedez portant les armes pour nostre service ; & d'autant que ces abus tournoient à la foule de nos autres Sujets, au soulagement desquels nous ne pouvons pourvoir avec trop d'application, en maintenant l'égalité dans la distribution des charges necessaires pour soûtenir les dépenses ausquelles nous sommes obligez. A CES CAUSES, & autres à ce nous mouvans, de l'avis de nostre Conseil qui a veu nostre Edit du mois de Novembre 1666. & divers Arrests de nostre Cour des Aydes, notamment ceux des dix-neuf Decembre 1675. trente-un Janvier 1676. & vingt-six May 1677. & de nostre certaine science, pleine puissance & autorité Royale, Nous avons par ces Presentes signées de nostre main, revoqué & revoquons tous & chacun les privileges & exemptions accordées aux peres de famille ayans dix ou douze enfans, par nostre Edit du mois de Novembre 1666. Voulons qu'à l'avenir ils soient & demeurent imposez aux rolles des Tailles & autres impositions, & nommez Collecteurs de nos deniers à leur tour, & sujets aux mesmes charges que les autres Habitans des lieux de leur demeure. SI donnons en mandement à nos amez & feaux Conseillers les Gens tenans nostre Cour des Aydes à Paris, que ces Presentes ils ayent à faire enregistrer, & le contenu en icelles garder & observer selon leur forme & teneur, sans souffrir qu'ils y soit contrevenu en quelque maniere que ce soit : CAR tel est nostre plaisir. DONNE' à Versailles le treiziéme jour de Janvier, l'an de grace mil six cens quatre-vingt-trois. Et de nostre Regne le quarantiéme. Signé,

LOUIS. Et sur le reply, Par le Roy, COLBERT.

Registrée en la Cour des Aydes le vingt-troisiéme Janvier 1683. Signé, DUPUY.

DECLARATION DU ROY,

Pour empescher les Mariages des Sujets du Roy en Pays Etrangers.

Du seize Juin 1685.

LOUIS par la grace de Dieu, Roy de France & de Navarre : A tous ceux qui ces Presentes Lettres verront, Salut. Bien que par nos Ordonnances, par nostre Edit du mois d'Aoust 1669. & par nos Declarations des 18. May 1682. & dernier May de la presente année, nous ayons pourvû à ce que nos Sujets ne puissent s'établir & demeurer dans les Païs étrangers sur les peines y contenuës, neanmoins nous avons esté informez que plusieurs de nosdits Sujets mal intentionnez à nostre service & à la Patrie, ou par d'autres raisons & motifs, procurent le Mariage de leurs enfans, ou de ceux dont ils sont tuteurs ou curateurs hors de nostre Royaume, pour s'y establir & y faire leur demeure pour toûjours, renonçant par ce moyen au droit qu'ils ont par leur naissance d'estre nos Sujets, & de joüir des avantages qu'elle leur donne, & ne voulant pas souffrir une licence si contraire à leur devoir naturel, si préjudiciable à cet Etat, & de si dangereux exemple. Nous avons resolu d'y pourvoir, & de declarer sur cela nostre volonté. SÇAVOIR FAISONS, que pour ces causes, & de nostre certaine science, pleine puissance & autorité Royale, en confirmant entant que de besoin nostre Edit du mois d'Aoust 1669. & nos Declarations des dix-huit May 1682. & dernier May de la presente année. Nous avons défendu & défendons tres-expressément par ces Presentes signées de nostre main, à tous nos Sujets de quelque qualité & condition qu'ils soient, de consentir ou approuver à l'avenir, que leurs enfans ou ceux dont ils seront tuteur ou curateur se marient en Païs étrangers, soit en signant les Contracts qui pourroient estre faits pour lesdits Mariages, soit par actes posterieurs pour quelque cause & sous pretexte que ce soit, sans nostre permission expresse, à peine des galeres à perpetuité à l'égard des hommes, & de banissement perpetuel pour les femmes, & de confiscation de leurs biens ; & où ladite confiscation de biens n'auroit lieu, de vingt mil livres d'amende contre les peres & meres, tuteurs ou curateurs, qui auront contrevenu à ces Presentes, ladite amende payable par eux sans déport. Voulons que pour cette fin ils soient poursuivis en leurs personnes & biens selon la rigueur des Ordonnances par nos Officiers, à la Requeste de nos Procureurs generaux ou leurs Substituts, ausquels nous enjoignons de ce faire aussi-tost qu'ils en auront connoissance. Si donnons en mandement à nos amez & feaux Conseillers les Gens tenans nostre Cour de Parlement de Paris, que ces Presentes ils ayent à faire lire, publier & registrer, & le contenu en icelles garder, faire garder & observer selon sa forme & teneur. Car tel est nostre plaisir. En temoin de quoy nous avons fait mettre nostre Scel à cesdites Presentes. Donné à Versailles le seiziéme jour de Juin, l'an de grace mil six cens quatre-vingt-cinq, & de nostre Regne le quarante-troisiéme. Signé, LOUIS. Et sur le reply, Par le Roy, COLBERT. Et scellée du grand Sceau de cire jaune.

Regiſtrées, oüy & ce requerant le Procureur general du Roy, pour eſtre executées ſelon leur forme & teneur, ſuivant l'Arreſt de ce jour. A Paris en Parlement le 14. *Aouſt* 1685. Signé, JACQUES.

DECLARATION DU ROY,

Concernant les formalitez neceſſaires pour les Mariages des mineurs, dont les peres, meres & tuteurs faiſant profeſſion de la religion pretenduë reformée, ſont abſens.

Du ſixiéme Aouſt 1686.

LOUIS par la grace de Dieu, Roy de France & de Navarre: A tous ceux qui ces preſentes Lettres verront, Salut. Quoy que les Rois nos predeceſſeurs ayant tres-ſagement reglé pour les cauſes contenuës dans les Ordonnances, & ſous des peines tres-rigoureuſes, tout ce qui regarde le conſentement des peres & meres, & les formalitez neceſſaires à obſerver pour les Mariages des enfans de famille, ſoit mineurs ou plus avancé en âge; ayant neanmoins conſideré que ces formalitez & peines établies par les Ordonnances, ne peuvent eſtre entierement obſervées à l'égard des enfans de ceux de la R.P.R. élevez dés leurs enfance dans la religion Catholique ou nouveaux convertis, dont les peres & meres, tuteurs ou curateurs ſont ſortis de noſtre Royaume, & ſe ſont retirez dans les païs étrangers, pour n'avoir voulu abjurer la R. P. R. dont ils faiſoient profeſſion.

Cette conjoncture nous oblige, comme Pere commun de tous nos Sujets, de supléer par nos soins & par nostre autorité à ce défaut de consentement, & de pourvoir à la seureté des Mariages que pourroient contracter les enfans mineurs que leur peres & meres, tuteurs ou curateurs ont abandonnez contre tous droits naturel & civil, pour perseverer dans leur erreur. SÇAVOIR FAISONS, que pour ces causes & autres à ce nous mouvans, & de nostre propre mouvement, pleine puissance & autorité Royale, Nous avons par ces presentes signées de nostre main, dit, declaré & ordonné, disons, declarons & ordonnons, voulons & nous plaist, que les enfans des peres & des meres qui sont sortis de nostre Royaume, & se sont retirez dans les païs étrangers, puissent en leur absence valablement contracter Mariage, sans attendre ni demander le consentement de leurs peres & meres, ou de leurs tuteurs & curateurs qui se sont retirez dans les païs étrangers, à condition neanmoins de prendre le consentement ou avis de leurs autres parens ou alliez, s'ils en ont, ou à leur défaut, de leurs amis ou voisins; à cet effet, voulons qu'avant de passer outre au contract & celebration de leur Mariage, il soit fait devant le Juge royal des lieux, nôtre Procureur present; & s'il n'y a point de Juge royal en presence du Juge ordinaires des lieux, le Procureur Fiscal de la Justice present, une assemblée de six des plus proches parens ou alliez, tant paternels que maternels, s'ils en ont, ou en défaut, de six amis ou voisins, pour donner leur avis & consentement, s'il y échet; dont nous voulons qu'il soit fait mention sommaire dans le Contrat de Mariage, qui sera signé desdits parens, alliez, voisins ou amis, comme aussi sur le registre de la Paroisse où se fera la celebration dudit Mariage; lesquels actes seront expediez sans frais, dérogeant pour ce regard seulement par ces presentes à ce qui est porté par les Ordonnances faites pour raiſon deſdits Mariages, & ſans que leſdits enfans audit cas puiſſent encourir les peines portées par icelles, ſous quelque pretexte, & en quelque maniere que ce ſoit. Voulons au ſurplus que toutes les formalitez preſcrites par les Canons & par leſdites Ordonnances, ſoient ponctuellement obſervées ſous les peines y contenuës. SI donnons en mandement à nos amez & feaux Conſeillers les Gens tenans noſtre Cour de Parlement de Paris, que ces preſentes ils ayent à faire lire, publier & regiſtrer, & icelles executer ſelon leur forme & teneur: Car tel eſt noſtre plaiſir. En témoin de quoy nous avons fait mettre noſtre Scel à ceſdites Preſentes. Donné à Verſailles le ſixiéme jour du mois d'Aouſt, l'an de grace mil ſix cens quatre-vingt-ſix, & de noſtre Regne le quarante-quatriéme. Signé, LOUIS. Et ſur le repli, Par le Roy, COLBERT. Et ſcellée du grand Sceau de cire jaune.

Regiſtrées, oüy & ce requerant le Procureur general du Roy, pour eſtre executées ſelon leur forme & teneur. A Paris en Parlement le 21. Aouſt mil ſix cens quatre-vingt-ſix. Signé, DONGOIS.

ARREST DE LA COUR DE PARLEMENT,

Du quinze Mars 1687.

Pour l'execution de l'Article XL. de l'Ordonnance de Blois, concernant la forme de la celebration des Mariages, particulierement des Enfans de famille, mineurs de vingt-cinq ans.

Extrait des Registres de Parlement.

ENTRE Vincent Perneau, cy-devant Huissier à Cheval au Chastelet de Paris sa femme, Agnes-Marie-Anne Perneau sa fille, Guillaume Perneau son fils, & Anne de la Marre sa servante, appellans de la permission d'informer, décernée par le Lieutenant Criminel du Chastelet de Paris. Information faite en consequence. Decret d'ajournement personnel, & de prise de corps contre eux decerné le 26. Avril 1686. Emprisonnement de la personne de ladite de la Marre, & de tout ce qui s'en est ensuivi d'une part; Et Charles Hardy, Officier de la feuë Reine, & Controlleur pour le Roy des bois qui arrivent à Paris, & Vincent Thierry, Marchand Bourgeois de Paris, au nom & comme curateur de la personne de Claude-Vincent Hardy, fils mineur de défunt Charles Hardy, Bourgeois de Paris, & de Catherine le Bas ses peres & meres, & ledit Charles Hardy, Officier de la feuë Reine, appellans de la permission d'informer, decernée par le Lieutenant Criminel de Chartres. Information, decret de prise de corps decerné contre ledit Claude-Vincent Hardy, emprisonnement de sa personne. Sentence difinitive du 22. Avril 1686. & de tout ce qui s'en est ensuivi d'une autre part; & ledit Vincent Perneau, & ladite Agnes-Marie-Anne Perneau sa fille, intimez d'autre, sans que les qualitez puissent préjudicier aux parties, &c. Aprés que Robert Avocat dudit Charles Hardy, Germain Avocat dudit Claude-Vincent Hardy, Vincent Perneau sa femme, Agnés-Marie-Anne Perneau, Guillaume Perneau fils, & Anne de la Marre, Hery Avocat dudit le Normant & consors, & du Mirail Avocat de la Bruere audit nom, ont esté oüis pendant cinq Audiances; ensemble de la Moignon pour le Procureur General du Roy, qui a fait recit des charges. LA COUR a receu les parties de Hery & de du Mirail parties intervenantes; & avant faire droit sur l'appel de la Sentence d'interdiction, ordonne, que quatre parens paternels, & quatre maternels dudit Claude-Vincent Hardy, qui seront nommez par le Procureur General du Roy, seront assemblez pardevant Maistre Jean Doujat, Conseiller en ladite Cour, pour donner leur avis s'il y a lieu à l'interdiction, pour le procés verbal fait & communiqué audit Procureur general, estre ordonné ce que de raison, dépens à cet égard reservez, & entant que touche les autres appellations simples, a mis & met lesdites appellations, & ce dont a esté appellé au neant, émandent, évoque le principal; & y faisant droit, a renvoyé les parties des accusations respectives, & neanmoins condamne Perneau pere aumôner la somme de vingt livres au pain des prisonniers de la Conciergerie du Palais; & sur l'appel comme d'abus de la Sentence de l'Officialité, dit qu'il n'y a abus, condamne les appellans en l'amende, & à l'égard de l'appel comme d'abus de la celebration du Mariage, dit qu'il a esté mal, nullement & abusivement procedé & celebré, déclare ledit Mariage non valablement contracté. Fait deffenses ausdits Claude-Vincent Hardy, & Agnés-Marie-Anne Perneau, de prendre la qualité de mary & de femme, & de se hanter ny frequenter, condamne ledit Hardy prendre l'enfant duquel ladite Perneau est accouchée, & celuy dont elle est grosse, iceux faire nourrir, entretenir & élever en la crainte de Dieu, Religion Catholique, Apostolique & Romaine, jusques à ce qu'ils soient en âge de pouvoir gagner leur vie & leur faire apprendre mestier, dont il sera tenu rapporter certificat au Procureur General du Roy, de trois mois en trois mois, tous dépens compensez; & faisant droit sur les Conclusions dudit Procureur general, ordonne que Maistre Romont Prestre habitué en l'Eglise de saint Nicolas des Champs, & le nommé la Marre Suisse de ladite Eglise, seront ajournez à comparoir en personnes en la Cour, & le Vicaire de ladite Paroisse assigné pour estre oüy, & répondre aux conclusions qu'il voudra contre eux prendre, & ce pardevant ledit Conseiller commis; ordonne en outre que l'Article XL. de l'Ordonnance de Blois sera executé selon sa forme & teneur, & conformément à iceluy, enjoint aux Curez & Vicaires de s'enquerir soigneusement de la qualité de ceux qui se voudront marier; & s'ils sont enfans de famille, ou en la puissance d'autruy, leur fait tres-expresses inhibitions & deffenses de passer outre à la celebration des Mariages s'il ne leur apparoist du consentement des peres, & meres, tuteurs ou curateurs; comme aussi ordonne qu'en toutes les celebrations de Mariages assisteront au moins quatre témons dignes de foy, qui certifieront bien connoistre la qualité des contractans, s'ils sont enfans de famille, ou en la puissance d'autruy, & depuis quel temps lesdits contractans sont demeurans dans les Paroisses, esquelles ils se diront domiciliez, de laquelle certification, mention sera faite dans l'acte de celebration le tout sur peine contre les Curez ou Vicaires qui auront contrevenu à ce que dessus, & contre les témoins qui se trouveroient avoir fait de fausses declarations, d'estre punis comme fauteurs du crime de Rapt, suivant la rigueur des Ordonnances ; & sera ledit Article, & le present Arrest signifiez à tous les Curez du ressort du Parlement, à la Requeste du Procureur General du Roy, poursuite & diligence de ses Substituts, sur les lieux qui seront tenus d'en certifier la Cour au mois. Fait en Parlement le quinziéme Mars mil six cens quatre-vingt-sept. Signé, DE LA BAUNE. Collationné.

ARREST DE LA COUR DE PARLEMENT.

Du quinziéme Juin 1691.

Portant Reglement pour la Celebration des Mariages.

Extrait des Registres de Parlement.

ENTRE Jean Joly, Tailleur d'habits demeurant aux Invalides, stipulant pour Nicolle Angelique Joly sa fille, soy disante femme de Charles Barthelemy Crevel, fils de Maistre Charles Crevel Huissier en la Cour, & de Damoiselle Françoise Meusnier sa femme, Appellant tant comme de Juge incompetant & d'abus qu'autrement, de la procedure faite contre ladite Joly, pardevant l'Official de Paris, & de tout ce qui pouvoit avoir esté fait en l'Officialité, à la Requeste dudit Crevel pere, & Intimé d'une part : Et ledit Maître Charles Crevel Huissier en la Cour, & Greffier de la Temporalité de l'Archevefché de Paris, & Damoiselle Françoise Meusnier sa femme, Intimez & Appellans comme d'abus de la celebration du Mariage fait en l'Eglise de Saint Severin, par le Vicaire ou Sous-Vicaire de ladite Eglise, dudit Charles Barthelemy Crevel le jeune, & de ladite Nicolle Angelique Joly, fille dudit Jean Joly, & de défunte Nicolle Varlet ses pere & mere, le Mercredy vingt-huitiéme May 1687. ensemble de la publication des deux derniers Bans faite dans ladite Parroisse, au préjudice de l'opposition formée sur le Registre de ladite Eglise, & de tout ce qui en est ensuivi. Et entre ladite Joly, demandresse en Requeste du 12. Juillet 1687. & ledit Crevel deffendeurs; Et entre lesdits Crevel & sa femme, demandeurs en inscription de faux: & lesdits Jean Joly & sa fille deffendeurs. Et entre Coquet, Bourgeois de Paris, curateur au vente & posthume dont ladite Angelique Nicolle Joly pretendoit estre enceinte; demandeur en Requeste du huitiéme Janvier 1688. & lesdits Crevel & sa femme, Joly & sa fille défendeurs d'autre. VEU PAR LA COUR, la Requeste desdits Crevel & sa femme, & Ordonnance de permission d'assigner par eux obtenuë dudit Official du 31. May 1687. & les assignations données en consequence ledit jour, pour faire declarer nul le Mariage d'entre ledit Crevel fils & ladite Joly. Sentence dudit Official du sept Juin audit an, par laquelle pour le profit du deffaut donné contre ledit Crevel fils & ladite Joly, il auroit esté permis audit Crevel pere de faire comparoir ledit Crevel fils, & ladite Joly avec imploration du bras seculier. Interrogatoire de ladite Joly pardevant ledit Official du dix-huit Juin 1687. Certificat des publications de Bans pour parvenir au Mariage d'entre ledit Crevel fils & ladite Joly, delivré & signé par Maistre du Moûtier le premier Juin 1687. en ces termes, page 222. *Entre Barthelemy Crevel fils de Charles, Tresorier des Gendarmes du Roy, &*

de Françoise Meusnier, ruë de la Huchette à l'Annonciation, Et Nicolle Angelique Joly, fille de Jean & de deffunte Nicolle Varlet, Maistre Tailleur d'habits à Paris ruë de la Huchette à l'Ange, publié le six Avril 1687. Et en marge est écrit. *Opposition verballe de la part de la mere.* Et dans la page 224. au même Registre est écrit : *Entre Barthelemy Crevel & Nicolle Angelique Joly cy-devant page 222. publié les 6. Avril onze & dix-huit May.* Et en marge : *La mere a prié de publier.* Autre Extrait delivré & signé par ledit du Moûtier Vicaire de Saint Severin, portant que le Mercredy vingt-huitiéme jour de May 1687. aprés la publication de trois Bans & celebration de Fiançailles, & en vertu de la Procuration & consentement du pere de l'Epoux, passée pardevant le Normant & Daumont Notaires au Chastelet de Paris le vingt Février dernier, furent épousez avec les solemnitez requises, Barthelemy Crevel Bourgeois de Paris, âgé de vingt-six ans, & Damoiselle Nicolle Angelique Joly âgée de vingt-quatre ans six mois, tous deux de cette Paroisse, en presence du costé de lEpoux de Maistre Jean-Baptiste Duhamel, Intendant des affaires du sieur de Montbas, Lieutenant general des Armées du Roy, demeurant ruë de la Huchette à la petite Bastille ; de Loüis Guisin Bourgeois de Paris, demeurant ruë Mâcon : & du costé de l'Epouse, en presence d'Isaac Mandon Maistre Tailleur d'habits, demeurant ruë de la Huchette à l'Ange, son Parain, de Jean Joly Maistre Tailleur d'habits son pere, tous lesquels témoins nous ont certifié que lesdits Epoux sont de cette Paroisse il y a plus de six mois. Signé, Crevel. Et à costé l'Epouse a declaré ne sçavoir signer, & autres témoins au dessous sous-signez Duhamel, Rondeau, Jean Joly, Guisin, Amolin, M. Boitard. La requeste & demande de ladite Joly du douziéme Juillet audit an 1687. à ce qu'il fût ordonné que sans préjudice des droits des Parties, sur l'appel par elle interjetté de tout ce qui avoit esté fait contr'elle en l'Officialité, ledit Crevel fils son mari seroit mis en liberté à sa caution juratoire, à l'effet de se joindre avec elle pour poursuivre ledit appel, à ce faire ledit Crevel pere, tenu d'indiquer à ladite Joly la prison & le lieu où il le détenoit injustement, même de le representer & par corps comme grand & responsable de sondit mari qu'il avoit fait enlever, & à tous Geolliers tant des prisons de l'Officialité, ou autres où il pouroit avoir esté transferé depuis, contraints pareillement par corps, quoy faisant déchargez. L'acte d'inscription en faux formé par ledit Crevel pere au Greffe de la Cour le dix-neuf Juillet 1687. contre la minutte de la procuration pretenduë supposée avoir été passée par ledit Crevel, pardevant Daumont & le Normand Notaires au Chastelet du vingt Février 1687. ladite Procuration maintenuë fausse. Les moyens de faux desdits Crevel & sa femme. Arrest du quatriéme Aoust 1687. par lequel les moyens de faux, qui estoient que la signature Crevel estant au bas de la Procuration en question estoit fausse & faussement fabriquée, n'estant écrite ni signée de la main dudit Crevel, & que les signatures Daumont & le Normand Notaires qui estoient au bas de ladite minutte de Procuration, estoient pareillement fausses & faussement fabriquées, & ne les avoient jamais faites, que le corps de ladite Procuration n'estoit point de la main des Notaires, ni de leurs Clercs, auroient esté declarées pertinentes & admissibles, ordonné qu'il en seroit informé au mois, tant par titres que témoins, pardevant le Conseiller Rapporteur, & par comparaison d'écritures & signatures, par Pierre de Bures cy-devant Commis au Greffe, Nicolas Moissant & François Loyauté Maistres Ecrivains jurez à Paris, Experts nommez d'Office pour l'information faite, rapportée & communiquée au Procureur general du Roy, estre ordonné ce qu'il appartiendroit. Arrest du onze Aoust 1687. intervenu sur le referé du Procés verbal du Conseiller commis, & contestations formées sur les Pieces de comparaison, par lequel sans avoir égard au requisitoire de ladite Joly inseré audit Procez verbal, auroit été ordonné que l'Arrest du quatriéme dudit mois seroit executé, ce faisant passé outre à la verification de ladite procuration maintenuë fausse sur les pieces de comparaison, rapportées par ledit Crevel. Procez verbal de verification contenant le Rapport des Experts. Arrest du vingt-sixiéme Novembre audit an 1687. par lequel en consequence des appellations comme d'abus, le procez verbal de verification auroit esté renvoyé à l'Audiance, & ordonné que les parties viendroient plaider sur le tout, mesme sur le faux s'il y échet en le maniere accoûtumée. Arrest du troisiéme Février 1688. par lequel a sur les appellations comme d'abus, les parties auroient esté appointées au Conseil, & faisant droit sur les Conclusions du Procureur general du Roy, ordonné que Charles Barthelemy Crevel seroit pris au corps & amené prisonnier dans les Prisons de la Conciergerie du Palais, & qu'à la Requeste dudit Procureur general du Roy, les témoins qui ont signé l'acte de celebration de Mariage, seront adjournez à comparoir en personne, & le Sous-Vicaire de Saint Severin qui avoit fait la celebration, seroit assigné pour estre oüy. Moyens d'apel comme d'abus dudit Crevel pere & sa femme, du sixiéme Juillet 1689. contenant leurs Conclusions, à ce qu'ayant égard à l'Inscriptïon de faux, ladite Procuration fut declarée fausse & faussement fabriquée, & en consequence, à l'égard de l'appel comme d'abus par luy interjetté de la publication des deux derniers Bans & de la pretenduë celebration de Mariage dudit Charles Crevel leur fils, avec ladite Joly dans l'Eglise de Saint Severin, il fut dit qu'il avoit esté mal, nullement & abusivement publié & celebré, le Mariage declaré non-valablement contracté, deffenses aux parties de se hanter ni frequenter sur peine d'amende arbitraire & de prison : & pour ce qui touche l'appel interjetté par lesdits Joly & sa fille de la procedure faite contre ladite Joly en l'Officité de Paris, dit qu'il n'y avoit abus, sans avoir égard à la Requeste de ladite Joly du douziéme Juillet 1687. dont elle seroit deboutée & condamnée és dommages & interests & en tous les dépens. Les moyens d'appel comme d'abus desdits Joly & sa fille servant de réponses aux moyens d'appel desdits Crevel & sa femme, & d'avertissement, & requeste desdits Crevel & sa femme employée pour réponses. Productions des parties, & requeste desdits Joly pere & fille, employé pour contredits. Production nouvelle desdits Crevel & sa femme par requeste du dix-huit Avril 1690. employée pour contredits contre la production desdits Joly & sa fille, & pour salvations à leurs contredits, Requeste desdits Joly & sa fille, employée pour contredits & salvations contre ladite production nouvelle. Quatre interrogatoires subis pardevant le Conseiller commis par Isaac Mandon, Jean Joly pere, Jean Rondeau & Jean-Baptiste le Maignan, tous témoins dudit Mariage, les vingt-sept & vingt-neuf Février & premier Mars 1690. Procez verbal de Rozeau Huissier en ladite Cour, de perquisition de la personne de Loüis Guisin, à l'effet de luy signifier l'Arrest. Ajournement personnel contre luy decerné. Le Procés verbal du onziéme Juillet 1690. Certificat du decés dudit Loüis Guisin en l'Hôpital de la Charité du seiziéme Novembre audit an. L'exploit d'assignation donné à Maistre Abraham Boittart, Prestre Sous-Vicaire de Saint Severin, pour estre oüy & estre à droit en execution dudit Arrest du troisiéme Février 1688. Acte de comparution personnelle dudit Boittart du dix-huitiéme Aoust 1690.

L'Interrogatoire

L'Interrogatoire ſubit par ledit Boittart pardevant le Conſeiller Rapporteur, le dix-neuviéme dudit mois d'Aouſt. Procés verbal dudit Rozeau du ſeptiéme Juillet 1690. fait à la Requeſte dudit Procureur General du Roy, de perquiſition de le perſonne dudit Crevel fils & aſſignation à quinzaine pour ſe rendre és Priſons de la Conciergerie, ſinon qu'il ſeroit trompeté. Le deffaut obtenu aux Preſentations le vingt-quatriéme Juillet 1690. faute de ce mettre en eſtat. Les Porcez verbaux de Rozeau & de Paſquier Juré Crieur du vingt-neuviéme dudit mois, contenant l'aſſignation à ſon de trompe donnée audit Crevel fils le neuviéme Aouſt 1690. Arreſt du ſeptiéme Septembre audit an, par lequel auroit eſté ordonné qu'à la Requeſte dudit Procureur General, Maiſtre Nicolas du Mouſtier, Preſtre, Vicaire de Saint Severin ſeroit aſſigné, pour eſtre oüi & interrogé ſur les faits reſultans du Procés, & que de Bures & Moiſſant Experts oüis ſur la verification de la piece maintenuë fauſſe, ſeroient repetez en leur rapport & entendus comme témoins, pour le tout communiqué audit Procureur general eſtre ordonné ce qu'il appartiendroit. L'Exploit d'aſſignation donné audit du Moûtier a comparoir en perſonne, du quatriéme Decembre dernier, & l'aſſignation donnée auſdits Experts en execution dudit Arreſt. Le Procés verbal du Conſeiller commis du neuviéme dudit mois de Decembre, contenant la repetition deſdits Experts. L'interrogatoire dudit du Mouſtier du ſeiziéme dudit mois. Arreſt du vingt-deux Janvier 1691. par lequel les deffauts & contumace auroient eſté declarez bien & deuëment obtenus contre ledit Crevel fils, & pour le profit ordonné que les témoins oüis en la repetition du neuviéme Decembre, ſeroient recollez en leurs dépoſitions pour valoir confrontation. Recollement deſdits Experts du vingt-neuviéme Janvier 1691. Acte de repriſe fait au Greffe de la Cour le vingt-deuxiéme

Aoust 1690. par ladite Françoise Meusnier, veuve dudit Charles Crevel, tant en son nom à cause de la communauté, que comme mere & tutrice des enfans mineurs dudit deffunt & d'elle, heritiers de leur pere. Requeste de ladite Meusnier audit nom, du dix-neuviéme May dernier, à ce qu'en procedant au jugement du Procés, faute d'avoir par ladite Angelique Nicolle Joly satisfait aux sommations des quatorziéme Novembre dernier & seiziéme dudit mois de May, & suivant icelles representé le pretendu enfant bastard duquel elle pretendoit estre accouchée & qui ne paroissoit point, elle fut condamnée par corps de rendre & restituer la somme de trois cens livres de provision à elle cy-devant adjugée par Arrest du vingt-uniéme Octobre dernier, & qui a esté payée par ladite Meusnier entre les mains de l'Huissier le Clerc, à la charge de son opposition, en cas que ladite somme ait esté touchée par ladite Joly, sinon que ledit le Clerc fut aussi condamné par corps à restituer ladite somme, & au surplus que ses fins & conclusions luy fussent adjugées avec dommages, interests & dépens, sur laquelle Requeste auroit esté reservé à faire droit en jugeant. Arrest du onziéme du present mois, par lequel auroit esté ordonné que ledit Maistre Nicolas du Moûtier Vicaire de Saint Severin, seroit recollé en l'interrogatoire par luy subi pardevant le Conseiller Rapporteur le seiziéme Decembre 1690. en execution de l'Arrest du septiéme Septembre, pour ledit recollement valoir confrontation contre ledit Charles Barthelemy Crevel, & à cette fin Maistre Antoine Portail Conseiller auroit esté commis. Recollement fait en consequence le douziéme dudit present mois. Conclusions du Procureur General du Roy; Tout consideré. LADITE COUR faisant droit sur les appellations comme d'abus, entant que touche l'appel de la procedure faite par ledit Official, dit qu'il a esté mal, nullement

& abusivement procedé ; & sur l'appel de la celebration du pretendu Mariage desdits Charles Barthelemy Crevel, & Nicolle Angelique Joly, dit qu'il a esté mal, nullement & non-valablement contracté ; leur fait deffenses de se hanter & frequenter ; Declare la contumace bien instruite contre ledit Charles Barthelemy Crevel, & adjugeant le profit des défauts pour les cas resultant du Procés, a banny ledit Charles Barthelemy Crevel pour neuf ans du ressort de la Cour ; luy enjoint de garder son Ban sur les peines portées par la Declaration du Roy. Fait deffenses ausdits du Moustier Vicaire, & Boitart Sous-Vicaire de Saint Severin, & à tous autres Curez, Vicaires & Prestres, de celebrer des Mariages qu'entre leurs vrais & ordinaires Paroissiens, demeurans publiquement dans leurs Paroisses & depuis un temps suffisant, si ce n'est qu'ils en ayent la permission par écrit du Curé des Parties ou de l'Evêque Diocesain. Enjoint ausdits du Moustier, Boitart, & à tous Curez & Vicaires de s'enquerir soigneusement de la qualité & domicile de ceux qui voudront se marier, & en cas qu'ils ne les connoissent pas, de s'en faire instruire & certifier par des témoins dignes de foy ; & si lesdits Contractans sont enfans de famille ou en la puissance d'autruy, d'avoir les consentemens des peres, meres, tuteurs ou curateurs, avant de proceder à la celebration desdits Mariages. Fait deffenses ausdits du Moustier, Boitart, & à tous autres Curez, Vicaires & Prestres, lorsqu'il y aura des oppositions à des Mariages, de proceder à leur celebration, sans avoir auparavant des main-levées par écrit desdites oppositions. Leur enjoint d'avoir des Registres pour y transcrire les oppositions qui pourront estre formées à la publication des Bans, & à la celebration des Mariages, & les desistemens & main-levées qui en seront données par les Parties ou prononcez par les jugemens qui interviendront, & de faire signer lesdites oppositions par ceux qui les feront & les main-levées par ceux qui les donneront : & en cas qu'ils ne les connoissent pas, de se faire certifier par des personnes dignes de foy, que ceux qui donneront lesd. main-levées sont les personnes dont il y sera fait mention. Condamne led. Mandon en 300. l. d'amende envers le Roy, & lesdits le Maignant, Rondeau & Guisin à aumôner au pain des prisonniers de la Conciergerie du Palais ; sçavoir ledit le Maignant cent livres, & lesdits Rondeau & Guisin chacun 20. liv. Leur fait deffenses & à toutes autres personnes de supposer des faits contaires à la verité concernant l'âge, l'état & le domicile de ceux qui veulent contracter Mariage, soit pour obtenir des Dispenses de Ban, soit pour la celebration des Mariages, à peine d'estre procedé contr'eux extraordinairement & de punition exemplaire. Et sur le surplus des Requestes & demandes des Parties, les met hors de Cour. Condamne lesdits Jean & Nicolle Angelique Joly aux deux tiers des dépens, l'autre compensé. Ordonne que le present Arrest sera lû & publié dans les Bailliages & Senéchaussées du ressort. Enjoint aux Substituts du Procureur General du Roy ausdits Sieges d'y tenir la main, & d'en certifier la Cour dans un mois. FAIT en Parlement le quinziéme Juin mil six cens quatre-vingt-onze. Signé, DONGOIS.

DECLARATION DU ROY,

Concernant les Contracts de Mariages reçûs par les Secretaires d'Etat.

Du vingt-uniéme Avril 1692.

LOUIS par la grace de Dieu, Roy de France & de Navarre : A tous ceux qui ces presentes Lettres verront, Salut. Quoy que par plusieurs Ordonnances & Declarations des Rois nos predecesseurs, la faculté de recevoir des Contracts aye esté attribuée aux Notaires & aux Tabellions, privativement à nos autres Officiers; cependant nos âmez & feaux Conseillers Secretaires d'Etat & de nos Commandemens & Finances, se sont toûjours conservez dans la possession de recevoir les Contracts de Mariages des Princes & Princesses, passez en presence des Rois nos predecesseurs & de Nous; & jusques à present personne n'a pû raisonnablement douter que des Contracts de Mariages ainsi passez n'eussent reçû la forme la plus authentique, qu'ils ne deussent avoir une entiere execution, & qu'ils ne produisissent les mêmes que s'ils avoient esté passez devant Notaires: Cependant comme nous avons esté informez, que sous pretexte que cette Jurisprudence n'a esté fixée par aucun Edit ny Declaration, les Notaires s'efforcent de jetter des scrupules sur la forme desdits Contracts, & pretendroient introduire la necessité d'en déposer chez eux une double expedition reconnuë devant eux par les Parties; ce qui Nous a paru une entreprise contaire au respect & à la foy qui sont dûs à des Actes qui portent un caractere aussi authentique; & nous avons jugé important pour les consequences, de reformer un tel abus, & en même temps d'établir à cet égard un droit certain & public. A CES CAUSES, de nostre certaine science, pleine puissance & autorité Royale, Nous avons par ces Presentes signées de nostre main, dit & declaré, disons & déclarons, voulons & nous plaist, Que les Contrats de Mariages passez en nostre presence, & reçûs par nos amez & feaux Conseillers & Secretaires d'Etat, & de nos Commandemens & Finances, soient executez; qu'ils portent hypotheque du jour de leur date, & qu'ils ayent en toutes choses la même force & vertu que s'ils avoient esté reçûs par des Notaires:

voulons que la minutte en demeure entre les mains de celuy de nosdits Secretaires d'Etat qui les aura reçûs, qui pourra en délivrer des expeditions. Et neanmoins pour la commodité des Parties, voulons qu'il en soit déposé une copie par luy signée par collation chez un Notaire, qui en pourra delivrer des expeditions comme s'il en avoit reçeu la minutte. Si donnons en mandement à nos amez & feaux Conseillers les Gens tenans nostre Cour de Parlement de Paris, que ces presentes ils ayent à faire registrer, & icelles executer selon leur forme & teneur : Car tel est nostre plaisir. En témoin de quoy nous avons fait mettre nostre Scel à cesdites Presentes. Donné à Versailles le vingt-un Avril, l'an de grace mil six cens quatre-vingt-douze; Et de nostre Regne le quarante-neuviéme. Signé, LOUIS. Et sur le repli, Par le Roy, PHELYPEAUX. Et scellé du grand Sceau de cire jaune.

Registrées, oüy & ce requerant le Procureur general du Roy, pour estre executées selon leur forme & teneur. A Paris en Parlement le trentiéme Avril mil six cens quatre-vingt-douze. Signé, DU TILLET.

ARREST DE LA COUR DE PARLEMENT,

Du vingt-sept Aoust 1692.

Qui ordonne que les Fils & Filles, même les Veuves, qui voudront faire sommer leurs Peres & Meres, aux termes de l'Ordonnance, de consentir à leurs Mariages, seront tenus d'en demander permission aux Juges Royaux des lieux des domiciles de leurs Peres & Meres.

Extrait des Registres du Parlement.

CE jour les Gens du Roy sont entrez, & Me Chrétien François de Lamoignon, Avocat dudit Seigneur Roy, portant la parole, ont dit à la Cour; Qu'en examinant les Causes qui ont esté plaidées pendant ce Parlement, concernant la validité des Mariages, ils ont reconnu qu'on rapporte souvent des sommations faites aux Peres & aux Meres, de consentir aux Mariages de leurs enfans, dont la foy est tres-suspecte, quoyque l'importance de ces actes soit tres-grande: Que cela vient de ce que ces actes ne sont le plus souvent attestez que par un Sergent: Qu'ils ont crû qu'en attendant qu'il ait plû au Roy de faire les Reglemens que ses Sujets desirent: pour empescher des Mariages qui troublent & deshonorent les familles, la Cour ne desapprouveroit pas qu'ils la suppliassent d'ordonner, Que les fils & filles, mesme les veuves qui voudront faire sommer leurs peres & meres, de consentir aux Mariages qu'ils souhaiteront de contracter, seront tenus à l'avenir d'en demander la permission au Juge Roïale du domicile des peres & meres, qui leur sera accordée sur requeste; & que les sommations seront faites dans cette ville de Paris par deux Notaires, & par tout ailleurs par deux Notaires Royaux, ou un Notaire Royal en presence de deux témoins domiciliez, à peine de nullité; & que l'Arrest qui interviendroit seroit lû & publié dans tous les Sieges du Ressort, à la diligence des Sustituts du Procureur general du Roy : Que la Cour estimeroit peut-estre la formalité de demander la permission au Juge surabondante, & pouvoir causer du retardement; mais qu'ils esperoient que lors qu'elle auroit fait reflexion sur l'importance de ces sommations, & le peu de faveur que meritent ceux qui veulent contracter avec precipitation des Mariages sans le consentement de leurs peres & meres, elle ne jugera pas ces formalitez inutiles. Les Gens du Roy retirez, la matiere mise en déliberation : LA COUR faisant droit sur le requisitoire du Procureur general du Roy, a ordonné & ordonne, Qu'en attendant qu'il ait plû au Roy d'y pourvoir, les fils & filles, mesme les veuves, qui voudront faire sommer leurs peres & meres aux termes de l'Ordonnance, de consentir à leurs Mariages, seront tenus à l'avenir d'en demander permission aux Juges Royaux des lieux des domiciles des peres & meres, qui seront tenus de la leur accorder sur requeste; & que les sommations seront faites en cette ville de Paris par deux Notaires, & par tout ailleurs par deux Notaires Royaux, ou un Notaire Royal & deux témoins domiciliez qui signeront avec le Notaire, le tout à peine de nullité. Ordonne que le present Arrest sera envoyé dans tout les Sieges du ressort, pour y estre lû, publié & enregistré. Enjoint aux Substituts du Procureur general du Roy d'y tenir la main, & d'en certifier la Cour dans un mois. FAIT en Parlement le vingt-ſeptiéme Aouſt mil ſix cens quatre-vingt-douze. Signé, DONGOIS.

ARREST DE LA COUR DE PARLEMENT,

Du vingt-neuf Decembre 1693.

Qui juge qu'un Curé eſt non recevable à interjetter appel comme d'abus, d'un Mariage pretendu contracté par ſes Paroiſſiens dans une Paroiſſe étrange, attendu que le Curé n'eſtant pas partie capable d'interjetter cet appel, mais bien les Pere & Mere, tuteur, &c.

Extrait des Regiſtres de Parlement.

ENTRE Damoiſelle Marie Simonnet veuve de défunt Charles Jacquelot, Eſcuyer, Seigneur de Frejus, appellante comme d'abus de la Sentence renduë par l'Officiale de Rheims le onze Octobre 1692. d'une part. Et Savinien le Riche, Directeur du Grenier à Sel de la Ville de Rethel, & Damoiſelle Claire Hortance Jacquelot, fille de Nicolas Jacquelot, Eſcuyer, Seigneur de Frejus; & de Damoiſelle Antoinette Landragin ſes pere & mere, intimez d'autre. Et entre M. Vincent Cerclet Preſtre, Curé de ladite Ville de Rethel, Mazarini, appellant comme d'abus de la celebration du Mariage contracté entre leſdits Savinien le Riche & Damoiſelle Claire Hortance Jacquelot en la Paroiſſe de Saint Gervais de Paris, le 16. Decembre 1692. d'une autre part; & leſdits Savinien le Riche & Claire

Hortance Jacquelot, intimez d'autre. Et encore ladite Damoiselle Marie Simonnet demandresse, en Requeste par elle presentée à la Cour le jour de 1693. à ce qu'elle soit receuë partie intervenante en l'appel comme d'abus, interjetté par ledit M. Vincent Cerclet Curé de Rethel, & aussi en adherant à son premier appel, la recevoir appellante comme d'abus, de la celebration du Mariage contracté entre lesdits le Riche & Jacquelot; ce faisant declarer qu'il y a abus en ladite celebration, non valablement contractée; & en consequence leur faire défenses de se hanter & frequenter, sous telles peines qu'il plaira à la Cour. Et pour avoir par ledit le Riche seduit ladite Jacquelot, le condamner en telle reparation qu'il plaira à la Cour, & en vingt mil liv. de dommages & interests; & que ladite Damoiselle Jacquelot sera mise en une Maison Religieuse ou Communauté, qui sera choisie par ses parens qui seront assemblez en la maniere accoûtumée, d'une autre part. Ledit M. Vincent Cerclet Défendeur en l'intervention; & lesdits le Riche & Jacquelot intimez & demandeurs en Requeste du seiziéme Novembre 1693. à ce que ladite Dame Marie Simonnet ayeulle, & ledit Cerclet fussent declarez non-recevables en leurs appellations comme d'abus, & en déclarant leur Mariage avoir esté bien & valablement contracté; que lesdits appellans seront tenus de les reconnoistre pour homme & femme; & pour s'y estre opposez qu'ils seront condamnez en l'amende & en dix mil livres de dommages & interests, & aux dépens d'une autre part: Et ladite Damoiselle Marie Simonnet ayeulle, & ledit M. Vincent Cerclet, Curé défendeurs d'autre: Et encore entre André de Faguer, Secretaire de défunt Monsieur le Prince Philippes, M. Antoine Boucher, Conseiller du Roy, & Assesseur en la Mareschaussée de Rethel, Paul Titeu, M. Claude Vespasian Titeu, Avocat en Parlement,

& Jean Capete, Bourgeois de Mazarini, tous proches parens de ladite Damoiselle Hortance Jacquelot, demandeurs en Requeste par eux presentée en la Cour, le onziéme Decembre 1693. à ce qu'ils fussent receus Parties intervenantes ausdites appellations comme d'abus, leur donner acte de ce qu'ils approuvent le Mariage qui a esté contracté, & en consequence que sur lesdites appellations comme d'abus, lesdites Parties seront mises hors de Cour, & condamnez en l'amende & aux dépens d'une autre part; & ladite Damoiselle Marie Simonnet, lesdits Cerclet, le Riche & Jacquelot, défendeurs en ladite intervention d'autre. Aprés que de la Fellonniere Avocat de Simonnet, Noüet le Jeune Avocat de Cerclet, Joly de Fleury Avocat de le Riche & Jacquelot, & Thevart Avocat des Intervenans, ont esté oüis pendant quatre Audiances; ensemble de Harlay pour le Procureur General du Roy.

La Cour a receu les Parties de Thevart intervenantes, & sans s'arrester à leur intervention entant que touche l'appel comme d'abus de la Sentence de l'Official de Rheims, dit, qu'il a esté mal, nullement & abusivement ordonné & executé, declare la Partie de Noüet non recevable en son appel comme d'abus interjetté de la celebration de Mariage des Parties de Joly, & faisant droit sur l'appel comme d'abus interjetté par la Partie de la Fellonniere, & par le Procureur General du Roy, declare le mariage non-valablement contracté; fait défenses aux Parties de Joly de se hanter ny frequenter, les condamne d'aumôner au pain des Pauvres Prisonniers de la Conciergerie du Palais, la somme de dix livres, leur enjoint de se retirer pardevers l'Archevesque de Rheims, pour leur estre pourveu de penitence salutaire, & procedé à la rehabilitation de leur Mariage, s'y faire se doit. Et ayant égard aux Conclusions du Procureur General du Roy, ordonne que le Vicaire de saint Gervais de cette Ville de Paris, qui a celebré le Mariage, sera assigné en la Cour, pour estre oüy, & répondre aux Conclusions que le Procureur General du Roy voudra prendre. Ordonne que l'Arrest du quinziéme Juin 1691. sera executé, & que les témoins qui assisteront à la celebration des Mariages, seront tenus en signant les Actes de celebration de certifier les Curez, Vicaires & autres Prestres qui les celebreront, du temps depuis lequel les contractans demeurent dans leurs Paroisses, & que le present Arrest sera lû & publié dans les Bailliages & Senéchaussées du Ressort. Enjoint aux Substituts du Procureur General du Roy ausdits Sieges d'y tenir la main, & d'en certifier la Cour dans un mois, dépens compensez. Fait en Parlement le vingt-neuviéme Decembre mil six cens quatre-vingt-treize. Signé, DONGOIS.

EDIT DU ROY

Concernant les formalitez qui doivent estre observées dans les Mariages.

Du mois de Mars 1697.

LOUIS par la grace de Dieu, Roy de France & de Navarre: A tous presens & à venir, Salut. Les saints Conciles ayans prescrit comme une des solemnitez essentielles au Sacrement de Mariage la presence du propre Curé de ceux qui contractent; les Rois nos predecesseurs ont autorisé par plusieurs Ordonnances l'execution d'un Reglement si sage, & qui pouvoit contribuer aussi utilement à empescher ces conjonctions malheureuses, qui troublent le repos, & flettrissent l'honneur de plusieurs familles, par des alliances souvent encore plus honteuses par la corruption des mœurs que par l'inegalité de la naissance : mais comme nous voyons avec beaucoup de déplaisir que la Justice de ces Loix & le respect qui est dû aux deux Puissances qui les ont fait, n'ont pas esté capables d'arrester la violence des passions qui engagent dans les Mariages de cette nature, & qu'un interest sordide fait trouver trop aisément des témoins, & même des Prestres qui prostituent leur ministere, aussi-bien que leur foy, pour prophaner de concert ce qu'il y a de plus sacré dans la Religion & dans la societé civile : Nous avons estimé necessaire d'établir plus expressement que l'on n'avoit fait jusques à cette heure, la qualité du domicile, tel qu'il est necessaire pour contracter un Mariage en qualité d'Habitant d'une Paroisse, & de prescrire des peines dont la juste severité pût empescher à l'avenir les surprises, que des personnes supposées & des témoins corrompus ont osé faire pour la concession des dispenses & pour la celebration des Mariages, & contenir dans leur devoir les Curez & les autres Prestres, tant seculiers que reguliers, lesquels oubliant la dignité & les obligations de leur caractere, violent eux-mêmes les regles que l'Eglise leur a prescrit, & la sainteté d'un Sacrement dont ils sont encore plus obligez d'inspirer le respect par leurs exemples que par leurs paroles. Et comme nous avons esté informé en mesme temps qu'il s'étoit presenté quelque cas en nos Cours, ausquels n'ayant pas esté pourvû par les Ordonnances qui ont esté faites sur le fait des Mariages, nos Juges n'avoient pas pû apporter les remedes qu'ils auroient estimé necessaires pour l'ordre & la police publique. A CES CAUSES, aprés avoir fait mettre cette affaire en déliberation en nostre Conseil, de l'avis d'iceluy & de nostre certaine science, pleine puissance & autorité Royale, Nous avons par nôtre present Edit, statué & ordonné, statuons & ordonnons, voulons & nous plaist.

Que les dispositions des saints Canons, & les Ordonnances des Rois nos predecesseurs concernans la celebration des Mariages, & notamment celles qui regardent la necessité de la presence du propre Curé, de ceux qui contractent, soient exactement observées; & en execution d'iceux, deffendons à tous Curez & Prestres, tant seculiers que reguliers, de conjoindre en Mariage autres personnes que ceux qui sont leurs vrais & ordinaires Paroissiens, demeurans actuellement & publiquement dans leurs Paroisses, au moins depuis six mois, à l'égard de ceux qui demeuroient auparavant dans une autre Paroisse de la même Ville, ou dans le mesme Diocese; & depuis un an pour ceux qui demeuroient dans un autre Diocese, si ce n'est qu'ils en ayent une permission speciale & par écrit du Curé des Parties qui contractent, ou de l'Archevesque ou Evesque Diocesain.

Enjoignons à cet effet, à tous Curez & autres Prestres qui doivent celebrer des Mariages, de s'informer soigneusement avant d'en commencer les ceremonies, & en presence de ceux qui y assistent par le témoignage de quatre témoins dignes de foy; domiciliez, & qui sçachent signer leurs noms s'il s'en peut aisément trouver autant dans le lieu où l'on celebrera le Mariage, du domicile, aussi bien que de l'âge & de la qualité de ceux qui le contractent, & particulierement s'ils sont enfans de famille ou en la puissance d'autruy, afin d'avoir en ce cas les consentemens de leurs peres, meres, tuteurs ou curateurs, & d'avertir lesdits témoins des peines portées par nôtre present Edit, contre ceux qui certifient en ce cas des faits qui ne sont pas veritables, & de leur en faire signer aprés la celebration du Mariage les actes qui en seront écrits sur le registre, lequel en sera tenu en la forme prescrite par les articles 7. 8. 9. & 10. du titre 20. de nostre Ordonnance du mois d'Avril 1667.

Voulons que si aucuns desdits Curez ou Prestres, tant seculiers que reguliers, celebrent cy-aprés sciemment & avec connoissance de cause, des mariages entre des personnes qui ne sont pas effectivement de leurs Paroisses, sans en avoir la permission par écrit des Curez de ceux qui les contractent, ou de l'Archevesque ou Evesque Diocesain, il soit procedé contre eux extraordinairement ; & qu'outre les peines canoniques que les Juges d'Eglise pourront prononcer contre-eux, lesdits Curez & autres Prestres, tant seculiers que reguliers qui auront des Benefices, soient privez pour la premiere fois de la joüissance de tous les revenus de leurs Cures & Benefices pendant trois ans, à la reserve de ce qui est absolument necessaire pour leur subsistance, ce qui ne pourra exceder la somme de six cens livres dans les plus grandes Villes, & celle de trois cens livres par tout ailleurs ; & que le surplus desdits revenus soit saisi à la diligence de nos Procureurs, & distribué en œuvres pies par l'ordre de l'Archevêque ou Evêque diocesain. Qu'en cas d'une seconde contravention, ils soient bannis pendant le temps de neuf ans des lieux que nos Juges estimeront à propos. Que les Prêtres seculiers qui n'auront point de Cures & de Benefices soient condamnez pour la premiere fois au banissement pendant trois ans ; & en cas de recidive pendant neuf ans. Et qu'à l'égard des Prestres reguliers, ils soient envoyez dans un Convent de leur Ordre, tel que leur Superieur leur assignera, hors des Provinces qui seront marquées par les Arrests de nos Cours, ou les Sentences de nos Juges, pour y demeurer renfermez pendant le temps qui sera marqué par lesdits jugemens, sans y avoir aucune charge, fonction ni voix active & passive: Et que lesdits Curez & Prêtres püissent en cas de rapt fait avec violence, estre condamnez à plus grandes peines lors qu'ils presteront leur ministere pour celebrer des Mariages en cet estat.

Voulons pareillement que le procés soit fait à tous

ceux qui auront supposé estre les peres, meres, tuteurs ou curateurs des mineurs, pour l'obtention des permissions de celebrer des Mariages, des dispenses de bans & des main-levées des oppositions formées à la celebration desdits Mariages : Comme aussi aux témoins qui auront certifié des faits qui se trouveront faux, à l'égard de l'âge, qualité & domicile de ceux qui contractent, soit pardevant les Archevesques & Evesques Diocesans, soit pardevant lesdits Curez & Prêtres, lors de la celebration desdits Mariages ; & que ceux qui seront trouvez coupables desdites suppositions & faux témoignages, soient condamnez, sçavoir, les hommes a faire amende honorable, & aux galeres pour le temps que nos Juges estimeront juste, & au banissement s'ils ne sont pas capables de subir ladite peine des galeres ; & les femmes à faire pareillement amende honorable & au banissement, qui ne pourra estre moindre de neuf ans.

Declarons que le domicile des fils & filles de familles, mineurs de vingt-cinq ans, pour la celebration de leurs Mariages, est celuy de leurs peres, meres, ou de leurs tuteurs & curateurs, aprés la mort de leursdits peres & meres ; & en cas qu'ils ayent un autre domicile de fait, ordonnons que les bans seront publiez dans les Paroisses où ils demeurent, & dans celles de leurs peres, meres, tuteurs & curateurs.

Ajoûtant à l'Ordonnance de l'an 1556. & à l'article II. de celle de l'an 1639. permettons aux peres & aux meres d'exhereder leurs filles, veuves, même majeures de vingt-cinq ans, lesquelles se marieront sans avoir requis par écrit leurs avis & conseils.

Declarons lesdites veuves & les fils & filles majeurs, mesme de vingt-cinq & de trente ans, lesquels demeurans actuellement avec leurs peres & meres, contractent à leur insçû des Mariages, comme Habitans d'une autre Paroisse, sous pretexte de quelque logement qu'ils y ont pris peu de temps auparavant leurs Mariages, privez

vez & décheus par leur seul fait, ensemble les enfans qui en naistront, des successions de leursdits peres, meres, ayeuls & ayeulles, & de tous autres avantages qui pourroient leurs estre acquis, en quelque maniere que ce puisse estre, mesme du droit de legitime.

Voulons que l'Article VI. de l'Ordonnance de 1639. au sujet des Mariages que l'on contracte à l'extremité de la vie, ait lieu, tant à l'égard des femmes qu'à celuy des hommes; & que les enfans qui sont nez de leurs débauches avant lesdits Mariages, ou qui pourront naistre aprés lesdits Mariages contractez en cet estat, soient aussi bien que leur posterité declarez incapables de toutes successions.

Si donnons en mandement à nos amez & feaux Conseillers les Gens tenans nostre Cour de Parlement de Paris, que nostre present Edit, Statut & Ordonnances, ils ayent à faire lire, publier & enregistrer, le gardent & observent, & le fassent garder & observer, sans souffrir qu'il y soit contrevenu nonobstant toutes autres Ordonnances, Coûtumes, & choses qui pourroient y estre contraires, ausquelles en tant que besoin seroit, Nous avons dérogé & dérogeons par ces Presentes : Car tel est nostre plaisir. Et afin que ce soit chose ferme & stable à toûjours, nous y avons fait mettre nostre Scel. Donné à Versailles au mois de Mars l'an de grace mil six cens quatre-vingt-dix-sept, & de nostre Regne le cinquante-quatriéme. Signé, LOUIS. Et sur le repli, Par le Roy, PHELYPEAUX. Visa, BOUCHERAT. Et scellé du grand Sceau de cire verte.

Leuës, publiées & Registrées, oüy & ce requerant le Procureur general du Roy, pour estre executées selon leur forme & teneur. A Paris en Parlement le onze Mars mil six cens quatre-vingt-dix-sept. Signé, DONGOIS.

DECLARATION DU ROY,

Concernant les Mariages faits par d'autres Prestres que les Curez des Contractans.

Du quinze Juin 1697.

LOUIS par la grace de Dieu, Roy de France & de Navarre : A tous ceux qui ces Presentes verront, Salut. Quelques Archevesques & Evesques nous ont representé qu'ils trouvent dedans leurs Dioceses un nombre considerable de personnes qui vivent comme dans des Meriages veritables, sous la foy de ceux qu'ils pretendent avoir contractez devant des Prestres autres que leurs propres Curez ; & quelques autres qui s'imaginent que des Actes que des Notaires ont eu la temerité de leur donner de leurs consentemens reciproques, leur ont pû conferer la grace du Sacrement de Mariage, & supléer à la benediction des Prestres, que l'Eglise a observée si religieusement depuis les premiers siecles de son établissement ; qu'ils esperent que l'Edit que nous avons eu la bonté de faire au mois de Mars dernier, pourra empescher à l'avenir la plus grande partie du premier de ces désordres ; mais que nos Procureurs ayans eu peu d'attention jusques à cette heure à obliger ceux qui les commettent de les reparer, lorsque les parens ou quelqu'autres personnes interessées n'ont point porté les affaires de cette nature dans les Tribunaux ordinaires de la Justice ; ces prophanations demeurent impunies, & ceux qui les ont commis s'y endurcissant par le temps, au préjudice de leur conscience, & de l'état des enfans qu'ils peuvent avoir ; que sans desirer aucune extension de la Jurisdiction de laquelle ils joüis sent sous nostre protection, & sans avoir d'autre vûë que celle de faire rendre le respect qui est dû à l'un des Sacremens de l'Eglise, & de procureur le salut de ceux dont il a plû à Dieu de leur confier la conduite, ils estiment que s'ils estoient dans une plus grande liberté d'agir à cet égard, ils pourroient contribuer efficacement de leur part à empescher des scandales de cette nature, sans troubler le repos des familles, dans les temps où ils ne peuvent, sans un trop grand éclat, recevoir des remedes que dans le Tribunal secret de la Penitence. Qu'à l'égard des Conjonctions qui n'ont d'autre fondement que des Actes délivrez par des Notaires, qui tendent à reduire le Sacrement de Mariage dans l'état où il estoit parmi les Payens, d'un simple contract civil, l'article XLIV. de l'Ordonnance de Blois, & les Arrests que nos Cours de Parlement ont rendu dans les occasions qui s'en sont presentées, n'ayant pû abolir entierement un si grand desordre, ils ne peuvent se dispenser de nous supplier, comme ils le font, d'en arrester le cours par les moyens que nous estimerons les plus convenables & les plus efficaces. A CES CAUSES, & considerant que toutes les puissances qu'il a plû à Dieu d'établir dans le monde, ne doivent avoir d'autre objet que celuy de concourir à sa gloire & à son saint service; & reconnoissant incessamment l'obligation encore plus particuliere dans laquelle nous sommes, d'employer à cette fin celle que nous avons receuë de sa bonté avec tant d'étenduë : Nous, de l'avis de nostre Conseil, & de nostre certaine science, pleine puissance & autorité Royale, avons dit, declaré & ordonné, disons, déclarons & ordonnons par ces Presentes signées de nostre main, voulons & nous plaist, Que nostre Edit du mois de Mars dernier, sera executé selon sa forme & teneur; enjoignons à nos Cours de Parlement, & autres nos Juges & Officiers d'y tenir la main; & lors qu'ils jugeront des causes ou des procés dans lesquels il s'agira des Mariages celebrez pardevant des Prestres autres que les propres Curez des contractans, sans en avoir obtenu les dispenses necessaires, & mesme sur les poursuites que nos Procureurs en pourront faire d'Office, dans la premiere année de la celebration desdits pretendus Mariages, d'obliger ceux qui pretendent avoir contracté des Mariages de cette maniere, de se retirer pardevers leurs Archevesque ou Evesque, pour les rehabiliter, suivant les formes prescrites par les saints Canons, & par nos Ordonnances, aprés avoir accompli la penitence salutaire qui leur sera par eux imposée, telle qu'ils l'estimeront à propos. Permettons aussi aux Promoteurs desdits Archevesques & Evesques, lorsque nos Procureurs, ou des Parties interessées ne feront aucunes procedures pardevant nos Juges, de faire assigner devant lesdits Archevesques & Evêques, dans le terme cy-dessus, & aprés en avoir obtenu d'eux une permission expresse, les personnes qui demeurent & vivent ensemble, & qui n'ont point esté mariez par les Curez des Paroisses dans lesquelles ils demeurent, & qui n'ont point obtenu dispenses pour estre mariez par d'autres Prestres, aux fins de representer ausdits Prelats dans un temps convenable, les actes de celebration de leurs mariages; voulons qu'en cas que les Archevesques & Evesques trouvent que lesdits Mariages n'ayent pas esté celebrez par les propres Curez des contractans, & qu'il n'y ait d'ailleurs aucun autre empeschement legitime, ils puissent leur enjoindre de les rehabiliter dans les formes prescrites par les saints Canons & par nos Ordonnances, aprés avoir accompli la penitence salutaire qui leur sera par eux imposée, & mesme de se separer pendant un certain temps, s'ils jugent que cela puisse estre fait sans un trop grand éclat, ce que nous laissons à leur prudence; & en cas que ceux qui auront esté assignez ne rapportent pas les actes de celebration de leurs Mariages ausdits Archevesques & Evesques, dans le temps qui leur aura esté marqué ; enjoignons à nos Officiers dans le ressort desquels ils demeurent, sur l'avis que lesdits Archevesques ou Evesques leur en donneront, de les obliger de se separer par des condamnations d'amende & autres peines plus grandes s'il est necessaire, & sans préjudice aux Archevesques & Evesques de les exclure de la participation aux saints Sacremens de l'Eglise, aprés les monitions convenables s'ils persistent dans leur desordre. Enjoignons à nos Cours de Parlement de tenir la main à ce que nosdits Officiers fassent ponctuellement executer les Ordonnances desdits Archevesques & Evesques à cet égard, & de donner ausdits Prelats toute l'aide & le secours qui dépend de l'autorité que nous leurs avons confiée ; declarons que les conjonctions des personnes lesquelles se pretendront mariées, & vivront ensemble, en consequence des actes qu'ils auront obtenu du consentement reciproque avec lequel ils se seront pris pour maris & pour femmes n'emporteront ni communauté, ni doüaire, ni aucuns autres effets civils, de quelque nature qu'ils puissent estre, en faveur des pretendus conjoints, & des enfans qui en peuvent naistre, lesquels nous voulons estre privez de toutes successions, tant directes que collaterales. Défendons à tous Juges à peine d'interdiction, & mesme de privation de leurs Charges, si nos Cours le trouvent ainsi à propos, par les circonstances des faits, d'ordonner aux Notaires de délivrer des actes de cette nature, & à tous Notaires de les expedier sous quelque pretexte que ce puisse estre, à peine de privation de leurs Charges, & d'estre declarez incapables d'en tenir aucunes autres de Justice dans la suite. Si donnons en mandement à nos amez & feaux Conseillers les Gens tenans nostre Cour de Parlement à Paris, que nostre Presente Declaration ils ayent à faire registrer, lire & publier & le contenu en icelles garder & observer, sans souffrir qu'il y soit contrevenu en quelque sorte & maniere que ce soit : CAR tel est nostre plaisir : en témoin dequoy nous y avons fait apposer nostre Scel. DONNE' à Versailles le quinziéme jour de Juin, l'an de grace mil six cens quatre-vingt-dix-sept. Et de nostre Regne le cinquante-cinquiéme. Signé, LOUIS. Et sur le repli, Par le Roy, PHELYPEAUX. Et scellé du grand Sceau de cire jaune.

Registrées en Parlement le vingt-deux Juin 1697. Signé, DONGOIS.

ARREST DE LA COUR DE PARLEMENT.

Du vingt-quatriéme Mars 1699.

Concernant les Mariages faits hors la presence des propres Curez.

Extrait des Registres de Parlement.

ENTRE Simon le Clerc sieur de Taucourt, appellant comme d'abus du prétendu Mariage contracté & celebré entre deffunt Antoine le Clerc son fils, âgé lors d'iceluy de quarante-trois ans, & l'Intimée ci-aprés nommée, en la paroisse de saint Laurent de cette Ville de Paris, qui n'estoit point celle des parties, le quinze Avril 1692 en l'absence dudit sieur de Taucourt, & sans sommations respectueuses prealablement à luy faites pour raison de ce ; & encore ledit sieur de Taucourt appellant de deux Sentences rendües au Chastelet de cette Ville, entre luy & ladite Intimée, les 28. Avril & 16. Aoust 1698.

& de tout ce qui s'en est ensuivi, d'une part; & Jeanne Picard, fille de Jean Picard & d'Anne Sacré, soi-disante veuve dudit deffunt Antoine le Clerc, aussi sieur de Taucourt, Commissaire des vivres és armées du Roy, intimée d'autre. Aprés que Terrasson Avocat de Simon le Clerc, & Pipault Avocat de Jeanne Picard, ont esté oüis pendant une audiance entiere, ensemble, Portail pour le Procureur general du Roy. LA COUR en tant que touche l'appel comme d'abus, dit qu'il a esté mal, nullement & abusivement procedé & celebré, & sur les appellations simples, met les appellations & ce dont a esté appellé au neant, émendant sur les demandes de la partie de Pipault, met les parties hors de Cour: Et ayant égard aux conclusions du Procureur general du Roy, ordonne que Jacques le Clerc à present Vicaire de l'Eglise de Saint Laurent, & qui a signé l'extrait du prétendu Mariage comme témoin, Laurent Fretel, autre témoin, & Anne Sacré, mere de Jeanne Picard, seront ajournés à comparoir en personnes en la Cour, pour estre oüis & interrogés, & répondre aux conclusions que le Procureur general du Roy voudra prendre contr'eux; condamne la partie de Pipault aux dépens. Fait en Parlement le vingt-quatre Mars, mil six cens quatre-vingt-dix-neuf. Collationné. Signé, DU JARDIN.

ARREST DE LA COUR DE PARLEMENT,

Du dix Juin 1692.

En faveur de la Jurisdiction Ecclesiastique, contre les Juges Royaux, concernant les Mariages.

Extrait des Registres de Parlement.

ENTRE Pierre Augier, Menager de la Ville d'Aix en Provence, appellant tant comme de Juge incompetent qu'autrement, des Sentences & Ordonnance de la Prevosté de Vitri-le-Sançois, des 22. Février 1690. 3. & 13. Juillet 1691. & de tout ce qui s'en est ensuivi, suivant les Commission, & Exploits des 29. Aoust, 10. & 22. Septembre de ladite année 1691. Par la premiere desquelles Sentences le Prevost Juge ordinaire en ladite Prevosté ayant égard aux requisions du Procureur du Roy, a ordonné que conformément à la declaration & soûmission faite par François Augier, qu'il veut bien épouser Anne Jublin, sera sans retard fait sommation au Sieur Curé de ladite Ville de Vitri d'épouser ladite Jublin, & ledit François Augier, aux peines portées par l'Ordonnance, Par la seconde le Lieutenant Particulier en ladite Prevosté de Vitri-le-François ayant égard à la remontrance du Procureur du Roy, & sans avoir égard au renvoi requis par Maistre Rimi Duret Curé dudit Vitri pardevant l'Official de Chaalons, dont il est debouté, & à tout ce qui a esté par luy dit, & allegué au contraire, a condamné ledit Curé d'épouser lesdits François Augier & Anne Jublin en face de sainte Eglise, à la maniere accoûtumée dans la huitaine, à peine de tous dépens, dommages & interests, soufferts & à souffrir. Et par ladite Ordonnance du 13. Juillet 1691. ledit Lieutenant Particuliers, Veu la Requeste desdits François Augier, & Anne Jublin, tendante à ce qu'il fût enjoint à Claude Faudel & Claude Granger Notaires Royaux de se transporter en l'Eglise Notre-Dame de Vitri, & là leur donner les actes qu'ils leur demanderont, & notamment de la declaration par eux faite qu'ils se prennent pour mari & femme ; à quoy faire ils seront contraints, à peine de tous dépens, dommages & interests des parties ; il a enjoint ausdits Faudel & Granger Notaires, de se transporter en ladite Eglise de Vitri à la premiere requisition qui leur en seroit faite par lesdits François Augier, & Anne Jublin, pour leur donner les actes qu'ils leur demanderoient, à peine de tous dépens, dommages & interests, d'une part. Et lesdits François Augier Compagnon Cordonnier, demeurant audit Vitri-le-François, fils dudit Pierre Augier, & ladite Anne Jublin fille majeure, & prétenduë femme dudit Augier fils, Intimez. Et encore Maistre Loüis le Maistre Conseiller du Roy, Lieutenant Particulier en ladite Prevosté de Vitri-le-François, & Maistre Pierre Domballe aussi Conseiller du Roy, & Substitut du Procureur General audit Siege, aussi Intimez & pris à partie en leurs propres & privez noms, d'autre part. Et encore entre ledit Pierre Augier Demandeur en Requeste du 10. Janvier 1692. à ce qu'il plût à la Cour dire, qu'il a esté mal, nullement & incompetemment procedé, jugé, & ordonné par les Juges dont est appel. Declarer le prétendu Mariage de François Augier & d'Anne Jublin, dudit jour 13. Juillet 1691. pardevant lesdits Notaires, en execution de ladite Ordonnance du Lieutenant Particulier aprés le refus du Curé, non valablement contracté. Leur faire défenses de se hanter ou frequenter. Condamner les Sieurs le Maistre Lieutenant Particulier en la Prevosté de Vitri-le-François, & Domballe Substitut du Procureur General en ladite Prevosté en leurs propres & privez noms, en tous les dépens, dommages & interests du Demandeur, mesme en ceux par luy faits contre ledit Augier son fils, & ladite Anne Jublin, comme y ayant donné lieu. Sauf au Procureur General à prendre contre ledit Lieutenant Particulier, & Substitut, telles conclusions qu'il jugera à propos pour l'interest public, d'une part; Et lesdits François Augier, Anne Jublin, Loüis le Maistre, & Pierre Domballe Défendeurs, d'autre. Et encore entre ledit Maistre Remy Duret, Prestre Docteur de Sorbonne, Chanoine Theologal, & Curé dudit Vitri-le-François, Diocese de Chaalons en Champagne, Demandeur en Requeste du 21. Janvier 1692. tendante à ce qu'il fût receu partie intervenante en la cause d'appel cy-dessus mentionnée, & appellant de la susdite Sentence renduë par ledit le Maistre Lieutenant Particulier en ladite Prevosté de Vitri-le-François le 3. Juillet 1691. & de tout ce qui s'en est ensuivi; par laquelle Sentence il est debouté de son renvoy pardevant le sieur Official de Chaalons, & condamné à donner la Benediction Nuptiale ausdits Augier fils, & Anne Jublin. Faisant droit sur ses intervention, & appellations, dire qu'il a esté mal, nullement, & incompetamment procedé, jugé, & ordonné; en consequence, renvoyer les parties pardevant l'Official de Chaalons, Juge naturel, & seul competant de connoistre du cas en question, pour y proceder sur la demande intentée contre ledit Curé de Vitri par lesdits François Augier, & Anne Jublin le 2. Juillet 1691. en ladite Prevosté, aux fins qu'iceluy Curé fût tenu de venir declarer en la Chambre du Conseil de ladite Prevosté, les causes de son refus de les marier, & à ce qu'il fût condamné de ce faire en face de nôstre Mere sainte Eglise, en la maniere accoûtumée, à peine de saisie de son Temporel, & de tous dépens, dommages & interests des parties, soufferts & à souffrir : sauf au Procureur General à prendre telles conclusions qu'il avisera bon estre pour la reparation de l'injure faite à l'Eglise, avec dépens, d'une part : Et lesdits Pierre Augier Défendeur, Loüis le Maistre, & Pierre Domballe, François Augier, & Anne Jublin Défendeurs & Intimez, d'autre part, sans que les qualitez puissent préjudicier aux parties. Aprés que Germond pour Pierre Augier, Noüet le jeune pour Duret, & de Rez pour François Augier, & Anne Jublin, ont esté oüis pendant deux Audiances : Ensemble DE LA MOIGNON pour le Procureur General du Roy, & que Huissier, a rapporté avoir appellé les Défaillans, & Guyot leur Procureur : LA COUR, en tant que touche les appellations, DIT, Qu'il a esté mal, nullement, & incompetamment procedé & ordonné par les Officiers de Vitri-le-François : Emendant, ORDONNE que les parties de de Rez se retireront pardevers le Curé de Vitri, & en cas de refus, pardevant l'Evêque de Châlons pour leur estre pourveu, & procedé à leur mariage, si faire se doit, aprés avoir receu penitence salutaire ; Les condamne chacun en 4. liv. d'aumônes applicables à la Fabrique de l'Eglise Parroïssiale de Vitri-le-François; Et faisant droit sur les Conclusions du Procureur General du Roy : ordonne que le Lieutenant & le Substitut du Procureur General en ladite Prevôté seront ajournez à comparoir en persone, & les Notaires qui ont instrumenté, assignez en la Cour pour estre oüis, & interrogez, & répondre aux Conclusions que le Procureur General du Roy voudra prendre contre eux ; pour ce fait estre fait droit sur la prise à partie contre lesdits Officiers, & sur les dommages & interests requis, ainsi qu'il appartiendra ; condamne les parties de de Rez aux dépens. A donné defaut, &

pour le profit, declare l'Arrest commun avec les Défaillans. FAIT en Parlement le dix Juin mil six cens quatre-vingt-douze. Signé, DU TILLET.

ARREST DE LA COUR DE PARLEMENT.

En faveur de la Jurisdiction Ecclesiastique, contre les Juges Royaux, concernant les Mariages.

Sur la question de sçavoir si des Juges Royaux peuvent quelquefois ordonner à un Curé de celebrer un Mariage.

Du dixiéme Juin 1692.

LE FAIT.

FRançois Augier garçon Cordonnier, fils d'u pauvre homme de journée de la Ville d'Aix en Provence, ayant quitté son païs environ à l'âge de dix-huit ans, s'arresta à Vitry-le-François en Champagne ; là il s'attacha à travailler de son métier dans la Boutique d'un Maistre Cordonnier : cependant il fit habitude avec Anne Jublin fille d'un Voiturier par terre, mais alliée à d'honnêtes gens de la Ville. Ils estoient encore tous deux Mineurs quand leur commerce commença ; ce commerce dura avec quelque scandal. Le Curé de Vitry s'entremet pour le faire cesser ; les parties luy témoignent qu'ils veulent bien s'épouser, & le prient même de publier des Bans, & de les marier incessamment.

Le Curé ne fait pas de difficulté à l'égard de la fille ; car outre que ses parens consentoient au mariage, on voyoit par son Extrait Baptistaire, quelle estoit devenuë majeure ; mais pour le garçon il luy demande, ou un consentement de son pere, ou un Extrait baptistaire, qui justifie qu'il soit majeur de 25. ans.

François Augier sçachant qu'il n'avoit pas encore tout-à-fait cet âge, écrit à son pere, qu'il fait aussi solliciter par quelques personnes pour obtenir un consentement. Le Curé écrit au Grand Vicaire de M. l'Archevêque d'Aix, le prie de voir ce pere, & de faire ensorte qu'il consente au mariage de son fils.

En attendant ce consentement les Bans furent publiez pour gagner du temps, & pour pouvoir celebrer le mariage si-tost que l'Acte seroit arrivé, car la chose pressoit, & la fille estoit grosse.

Mais le pere répond, qu'il ne veut pas permettre à son fils de se marier hors de son païs, qu'il a besoin de luy pour luy aider à gagner sa vie, & que toutes les sollicitations qu'on luy pourroit faire là-dessus seront inutiles.

Le Curé ne voulant point passer outre, Anne Jublin, de concert avec François Augier, presente sa Requeste au Prevost de Vitry le 15. Février 1690. par laquelle elle demande permission de faire assigner François Augier, pour estre condamné à ses dommages & interest, si mieux n'aime executer les promesses qu'il luy a diverses fois faites de l'épouser, & sur lesquelles il a abusé d'elle : & cependant, attendu qu'il est étranger, de l'arrester prisonnier ; & au cas que ledit Augier veüille l'épouser, qu'il soit enjoint au Curé de leur donner la benediction nuptiale, sous les peines de Droit, & de saisie de son temporel.

Ordonnance du Prevost de Vitry au bas de cette Requeste. *Permis de faire assigner, & cependant de faire arrester ledit Augier, attendu qu'il est étranger.*

Sur l'assignation François Augier comparoist, convient du contenu en la Requeste d'Anne Jublin, declare qu'il veut bien l'épouser : le Prevost de Vitry donne Acte de la Declaration, & ordonne que le tout sera communiqué au Procureur du Roy.

Le Procureur du Roy donne ſes Concluſions, & requiert, pour éviter au ſcandal, & attendu la qualité des parties, & que ledit Augier eſt d'étrange païs, qu'il ſoit dit que le Sieur Curé de la Ville épouſera inceſſamment François Augier & Anne Jublin.

Sur ces Concluſions, premiere Sentence dont eſt appel, renduë par le Prevoſt de Vitry le 22. Février 1690. portant que conformément à la declaration & ſoumiſſion dudit Augier, il ſera ſans retard fait ſommation au Sieur Curé de la Ville, d'épouſer les parties aux peines portées par l'Ordonnance.

Le lendemain la Sentence eſt ſignifiée au Curé, & la ſommation luy eſt faite à la Requeſte de François Augier & d'Anne Jublin, le Procureur du Roy joint.

Le Curé conſulte ſes Superieurs : ils luy marquent que la Sentence du 22. Février eſt renduë par Juge incompetent, & contre les regles ; qu'ainſi il n'y doit pas deferer, & que le mariage eſt moins bon à faire depuis cette Sentence, qu'il ne l'étoit auparavant.

Le Curé ne défere donc point à la Sentence, & François Augier & Anne Jublin continuent de vivre enſemble : ils paſſent un Contract de Mariage le 22. May 1690. François Augier y eſt qualifié majeur, il prend Anne Jublin avec ſes droits.

Anne Jublin accouche d'un Fils, François Augier le fait baptiſer ſous ſon nom le 17. Septembre de la même année 1690. & ſigne ſur le Regiſtre des Baptêmes.

Le concubinage continuant avec plus de ſcandal qu'auparavant, le Prevoſt de Vitry, comme Juge de Police, rend d'office une Sentence le 27. Juin 1691. par laquelle il fait défenſes aux parties de ſe hanter ou frequenter, juſqu'à ce qu'autrement en ait eſté ordonné, le Procureur du Roy oüy, à peine d'eſtre procedé contre eux extraordinairement.

François Augier & Anne Jublin preſſant encore le

Curé de celebrer leur mariage, il refuse de le faire : ils le font assigner le 2. Juillet ensuivant à la Prevosté de Vitry, pour declarer les causes de son refus, & se voir condamner à les épouser.

Signification de part & d'autre, contenant les exceptions & défenses du Curé, & les réponses de François Augier & Anne Jublin.

Le 3. Juillet Sentence du Lieutenant Particulier sur les Conclusions du Procureur du Roy, par laquelle, sans avoir égard au renvoy requis par le Curé, dont il le deboute, il le condamne d'épouser François Augier & Anne Jublin à la maniere accoutumée, dans la huitaine, à peine de tous dépens, dommages & interests soufferts & à souffrir.

Dans cette Sentence, qui est la seconde dont est appel, les moyens du Curé, & les motifs du Procureur du Roy sont énoncez.

Les moyens ou défenses du Curé, sans prejudice de son declinatoire, sont l'Arrest de Hardi & de Perneau, en forme de Reglement general, du 15. Mars 1687. duquel Arrest il rapporte la signification à luy faite à la Requeste du Procureur du Roy, le 21. Juin ensuivant. La lettre du Grand Vicaire d'Aix déposée au Greffe, laquelle marque que le pere d'Augier ne veut pas permettre que son fils se marie hors de son païs. Le defaut de consentement du pere, & d'Etrait baptistaire, par lequel il apparoisse que François Augier ait atteint l'âge de 25. ans, requis par les Ordonnances & les Arrests, pour se pouvoir marier sans le consentement de ses pere & mere.

Les motifs du Procureur du Roy sont. Les promesses de mariage, sur lesquels Anne Jublin s'est abandonnée à François Augier. Le Contract de mariage passé. La publication de Bans faite. Il appert par la lettre du Grand Vicaire d'Aix, que le pere estoit averti de l'engagement où estoit son fils ; & cependant il n'a formé aucune opposition au mariage. L'égalité des parties en biens & en conditions. C'est une affaire de Police. Il ne seroit pas juste que le public fust chargé de l'enfant né, & de celuy dont Anne Jublin est encore enceinte. Il est bon d'assurer l'état de ces deux enfans.

Le 5. du même mois signification de la Sentence au Curé, à la Requeste de François Augier & d'Anne Jublin. Sommation d'y satisfaire, & de leur indiquer un jour, & une heure dans la huitaine, pour leur donner la benediction nuptiale, luy declarant qu'à faute de leur donner un jour & une heure, ils se presenteront en l'Eglise Paroissiale au devant du grand Crucifix, Vendredy 13. Juillet, six heures du matin ; & que faute par le Sieur Curé de s'y trouver, ou faire trouver un de ses Vicaires, dont ils le somment, ils y feront trouver des Notaires pour leur donner tous Actes necessaires.

Appel de cette Sentence par le Curé le 12. Juillet 1691.

Le 13. dés cinq heures du matin, François Augier & Anne Jublin se rendent en l'Eglise sous le Crucifix, attendent là pendant deux heures : le Curé ne paroît point, ny aucun de ses Vicaires. Sur les sept heures nouvelle Sommation au Curé chez luy par deux Notaires, de se rendre ou d'envoyer un de ses Vicaires en l'Eglise Parroissiale, pour donner la benediction nuptiale à François Augier & Anne Jublin, qu'ils demandent, & au sujet de laquelle ils sont actuellement sous le Crucifix, depuis deux heures ou environ.

Le Curé répond qu'il ne le peut, déduit les causes ou moyens de son refus, qui sont, outre ceux mentionnez en la Sentence du 3. l'Article X L. de l'Ordonnance de Blois. L'appel par luy interjetté le 12. l'incompetence des Juges de Vitry : ajoûtant que quand même le Juge naturel de ces sortes de matieres, auroit ordonné qu'il seroit passé outre à la celebration du du mariage, il faudroit luy donner du temps pour tâcher d'y diſpoſer les parties, qui vivent depuis plus de deux ans dans ſa Paroiſſe dans un commerce criminel & ſcandaleux.

Le Curé demande Acte aux Notaires de ſes réponſes, enſemble de l'avis qu'il leur donne des peines tres-rigoureuſes que les Arreſts ont prononcées contre les Notaires, & les témoins qui ſeroient aſſez hardis que d'aſſiſter, ou preſter leur miniſtere à ces ſortes de mariages nuls & abuſifs, que quelques perſonnes s'imaginent pouvoir contracter ſans la preſence & le miniſtere de leur Curé.

Les Notaires dreſſent ſur le tout leur procés verbal, dont le Curé demande copie. Ils retournent vers François Augier & Anne Jublin, leur notifient les réponſes du Curé : ſurquoy François Augier & Anne Jublin font de leur part leurs réponſes & proteſtations, & requierent les Notaires de ſe tranſporter en l'Egliſe pour donner les Actes qu'ils leur demanderont; ce que les Notaires refuſent de faire : mais leur donnent Acte ſeulement de leurs réponſes, proteſtations & requiſition.

Sur le champ François Augier, & Anne Jublin preſentent leur Requeſte au Lieutenant Particulier, par laquelle ils luy repreſentent que les Notaires de Vitry refuſent de leur donner Acte de la declaration qu'ils font, qu'ils ſe prennent l'un & l'autre pour mary & femme, & que l'enfant dont ladite Jublin eſt accouchée, provient d'eux deux, & concluënt, *à ce qu'il ſoit enjoint à Claude Faudel & Claude Granger Notaires Royaux* (qui ſont ceux qui avoient déja inſtrumenté) *de ſe tranſporter en l'Egliſe Noſtre-Dame de Vitry, & là leur donner les Actes qu'ils leur demanderont, & notamment de la declaration qu'ils font, qu'ils ſe prennent pour mary & femme, à quoy faire ils ſeront contraints à peine, &c.*

Au bas de la Requeſte le Lieutenant Particulier

appose son Ordonnance : *Veu Nous avons enjoint ausdits Faudel & Granger Notaires de se transporter en l'Eglise Nostre-Dame dudit Vitry à la premiere requisition qui leur en sera faite par les Suppliants, pour leur donner les Actes qu'ils leur demanderont, à peine de tous dépens, dommages & interests, ce 13. Juillet 1691.*

C'est le troisiéme Jugement dont est appel.

Les parties ayant en main la Requeste ainsi répondüë, vont chez les Notaires & les requierent de se rendre en l'Eglise pour accorder les Actes qu'ils leur demanderont.

Le procés verbal des Notaires du même jour porte, *Nous pour obëir à Justice seulement, en vertu & pour l'execution du Decret donné contre Nous, signé, le Maistre, sommes rendus en l'Eglise Nostre-Dame de Vitry, environ l'heure d'onze avant midy, où estant François Augier & Anne Jublin, s'estant mis à genoux sous le Crucifix, & proche eux un enfant âgé d'environ dix mois, en presence d'un grand nombre de leurs parens & amis, se sont levez debout, & ledit François Augier a dit à haute voix, en ces termes :*
„ Devant Dieu & en face de sainte Eglise Catholi-
„ que, Apostolique & Romaine, & sous le Cruci-
„ fix, je déclare que je prends pour ma femme, &
„ épouse Anne Jublin que voicy presente, & l'en-
„ fant que voicy present âgé de dix mois ou environ
„ nommé Jean, dont ladite Jublin est accouchée, est
„ le mien, & provient de moy : *& ladite Jublin a*
„ *dit ensuite à haute voix, en ces termes :* Je declare
„ devant Dieu & en face de sainte Eglise Catholi-
„ que, Apostolique & Romaine, & sous le Cruci-
„ fix, où je suis, que je prends pour mon mary &
„ legitime époux, François Augier que voicy present,
„ & l'enfant que voicy present, nommé Jean, âgé
„ dix mois ou environ, est le mien, & provient
„ des œuvres dudit Augier, *desquelles declarations*

lesdits Augier & Jublin Nous ont requis Acte que leur avons octroyé pour leur servir ce que de raison, & ont signé, avec, &c.

Quatre témoins signent à ce procés verbal avec les deux Notaires.

Ces Notaires eurent la précaution de retenir pardevers eux la Requeste avec l'Ordonnance au bas en original, pour leur seureté.

Depuis cette cérémonie François Augier & Anne Jublin ont vêcu ensemble comme mary & femme.

Il faut remarquer que dans toute la procedure François Augier s'est qualifié majeur.

Tout ce fait est certain & n'est point contesté.

Le pere de François Augier estant averty de ce qui s'estoit passé, interjette appel des Sentences & Ordonnances des 22. Février 1690. 3. & 13. Juillet 1691. & de tout ce qui s'en est ensuivi, intime sur l'appel François Augier son fils & Anne Jublin, il demande que ce pretendu mariage soit declaré non-valablement contracté, & qu'il soit fait deffenses aux parties de se hanter ou frequenter, & prend à partie le Lieutenant Particulier qui a rendu la Sentence du 3. & l'Ordonnance du 13. Juillet 1690. & le Procureur du Roy, sur les conclusions duquel la Sentence du 22. Février 1690. & celle du 3. Juillet 1691. ont esté renduës.

Le sieur Duret Curé de Vitry intervient en la cause, & demande son renvoy pardevant son Superieur Ecclesiastique pour proceder sur la demande intentée contre luy en la Prevôté de Vitry le 2. Juillet 1691. à ce qu'il soit condamné de marier François Augier & Anne Jublin.

Depuis l'action intentée au Parlement, François Augier rapporte son Extrait Baptistaire, par lequel il paroist qu'il est né le 15. Novembre 1665. cet Extrait n'est levé & délivré que du 30. Octobre 1691. depuis l'action intentée par le pere.

Ainsi François Augier estoit majeur dés le 16. Novembre 1690. entre la premiere & la seconde Sentence dont est appel, & Anne Jublin n'estoit plus âgée que luy que de quinze mois, elle est née le 18. Aoust 1664.

La cause est plaidée en l'Audience de la Grand' Chambre les 9. & 10. Juin 1692. la premiere au rôlle de Champagne.

Pour François Augier & Anne Jublin, on n'osoit soûtenir la validité du pretendu mariage, mais on demandoit qu'il fût procedé à une nouvelle celebration par leCuré puisque le garçon avoit plus de 25 ans.

Pour le pere on s'y opposoit, & on soûtenoit que la majorité pour le mariage à l'effet de le pouvoir contracter validement sans le consentement des parens, n'estoit pas acquise à 25. ans, mais seulement à 30. que d'ailleurs la seduction du fils par Anne Jublin, avoit commencé en minorité.

On répondoit pour le fils que son pere n'avoit que la voïe d'exheredation, qu'il estoit dans la derniere misere, & hors d'estat de pouvoir jamais faire aucun bien à son fils, qu'il l'avoit abandonné depuis long-temps, & qu'il estoit déchû par là du droit de la puissance paternelle, quand même ce fils seroit encore mineur, que son mariage avec Anne Jublin, luy estoit avantageux, qu'il trouvoit par là de la douceur, de la protection, & un établissement honneste dans la Ville de Vitry (ce qu'il n'esperoit pas de trouver ailleurs) qu'il s'estoit procuré cette bonne fortune par son industrie, & son assiduité dans la boutique d'un Maistre Cordonnier de la Ville, qui l'avoit pris en affection, & luy avoit servi de pere depuis six ou sept ans, que l'article 40. de l'Ordonnance de Blois, & l'Ordonnance de 1639. n'estoient que pour empêcher les mésalliances des personnes de qualité, & ne s'entendoient pas des gens de basse naissance ; qu'au reste le refus du Curé n'estoit que l'effet de quelque chagrin contre François Augier, Anne Jublin, & les Officiers de Vitry; que l'action intentée par le pere n'eſtoit point ſerieuſe de ſa part, qu'il s'en falloit beaucoup qu'il ne fût en eſtat de ſoûtenir les frais d'un procez, mais que l'on ſe ſervoit de ſon nom ſeulement pour faire valoir un intereſt de Juriſdiction Eccleſiaſtique.

La principale queſtion eſtoit ſur le renvoy du Curé pardevant ſes Superieurs Eccleſiaſtiques, de ſa part on ſoûtenoit le privilege Clerical en action pure perſonnelle contre un Eccleſiaſtique, on ſe récrioit ſur l'entrepriſe des Juges de Vitry, s'agiſſant de l'adminiſtration d'un Sacrement, & ſur le ſcandal cauſé par l'execution de l'Ordonnance du Lieutenant Particulier du 13. Juillet, portant injonction aux Notaires.

Contre la demande en renvoy, & pour la competence des Juges de Vitry, on diſoit, Inſtance liée d'abord en la Prevôté de Vitry ſur une demande en dommages & intereſts, formée par Anne Jublin contre François Augier pour avoir abuſé d'elle. Le Juge Royale ſaiſi. Empriſonnement de François Augier ordonné. Affaire de Police. Un concubinage public. Une fille de la Ville deshonorée. Peril en la demeure. Un étranger qui pouvoit s'évader. Un enfant & peut-eſtre deux, dont le public demeureroit chargé. Il s'agiſſoit de l'interpretation & de l'execution des Ordonnances de nos Rois, & des Arreſts de la Cour, ce qui appartient (diſoit-on) au Juge Royal. On ajoûtoit qu'il ne tiendroit donc qu'à un Curé ignorant, malin, ou capricieux, d'empêcher les mariages des Sujets du Roy, & de les vexer en leur faiſant faire le long circuit de la Juriſdiction Eccleſiaſtique, & de l'appel comme d'abus. Enfin qu'il eſtoit de l'intereſt de l'Etat que les Eccleſiaſtiques ne ſe rendiſſent pas ainſi les Maiſtres des mariages, qui ſont ce qu'il y a de plus important dans la Societé civile, & d'où dépend le bien & le repos des familles. Que pour toutes ces raisons les Juges Royaux de Vitry estoient en droit de connoître du cas en question. Aprés tout, quand même les Juges de Vitry ne seroient pas competens, qu'Augier ayant constamment plus de 25. ans, il n'y avoit qu'à enjoindre dés à present au Curé de Vitry de marier les parties sans les fatiguer plus long-temps par tant de degrez de Jurisdiction, attendu leur pauvreté.

Les Officiers de Vitry n'avoient pas d'Avocat exprés pour eux en la cause, mais Maître de Rez Avocat de François Augier & d'Anne Jublin, ne laissa pas de les deffendre.

Monsieur l'Avocat General de Lamoignon qui porta la parole, fit voir que rien n'estoit plus irregulier que les Sentences, & l'Ordonnance dont estoit appel, que les Juges de Vitry estoient absolument incompetens de connoître du cas en question, & que ce cas estoit de la competence des seuls Juges d'Eglise. Il dit que les Juges Royaux ne pouvant ordonner à un Curé de celebrer un mariage, les parties devoient sur le refus du Curé se pourvoir pardevant l'Official, & par appel pardevant le Metropolitain, & en cas d'abus, par appel au Parlement. Il s'éleva contre les Officiers de Vitry, & loüa la fermeté du Curé. Sur ces conclusions est intervenu l'Arrest, dont voicy le dispositif.

DISPOSITIF DE L'ARREST.

APRE'S que Germond pour Pierre Augier, Noüet le jeune pour Duret, & de Rez pour François Augier & Anne Jublin, ont esté oüis pendant deux Audiances, ensemble de Lamoignon pour le Procureur General du Roy, & que Huissier a rapporté avoir appellé les défaillans & Guyot leur Procureur, la Cour en tant que touche les appellations, dit qu'il a esté mal, nullement, &

incompetemment procedé, & ordonné par les Officiers de Vitry-le-François, émendant ordonne que les parties de Derez ſe retireront pardevers le Curé de Vitry, & en cas de refus pardevant l'Evêque de Châlons pour leur eſtre pourveu & procedé à leur mariage, ſi faire ſe doit, aprés avoir receu penitence ſalutaire, les condamne chacun en quatre livres d'aumônes applicables à la Fabrique de l'Egliſe Paroiſſiale de Vitry-le-François, & faiſant droit ſur les Concluſions du Procureur General du Roy, ordonne que le Lieutenant, & le Subſtitut du Procureur General en ladite Prevôté, ſeront ajournez à comparoir en perſonne, & les Notaires qui ont inſtrumenté, aſſignez en la Cour, pour eſtre oüis & interrogez, & répondre aux Concluſions que le Procureur General du Roy voudra prendre contre eux, pour ce fait eſtre fait droit ſur la priſe à partie contre leſdits Officiers, & ſur les dommages intereſts requis, ainſi qu'il appartiendra; condamne les parties de Derez aux dépens, a donné deffaut & pour le profit declare l'Arreſt commun avec les défaillans. Fait en Parlement le dix Juin mil ſix cens quatre-vingt-douze. *Signé*, DU TILLET.

Cet Arreſt marque que les Juges Royaux ne peuvent en quelque cas que ce ſoit, ordonner à un Curé de celebrer un mariage.

ARREST DE LA COUR DE PARLEMENT,

Du dix-sept Aoust 1699.

Portant Reglement pour les Mariages contractez & celebrez sans le consentement des Peres, Meres, Parens & Tuteurs.

Extrait des Registres de Parlement.

ENTRE Michel Villeneau, soy disant Ecuyer Sieur du Fougeray, & Gendarme ordinaire de la Garde du Roy; & Damoiselle Marie Marguerite de Gabory; demandeurs en Requestes des 7. & 12. Decembre 1696. d'une part: Et Jacques de Gabory, Ecuyer Sieur de la Bonnetiere deffendeur, d'autre: Et entre Michel Villeneau, soy disant aussi Ecuyer Sieur du Fougeray, Conseiller du Roy, Prevost des Monnoyes, & Marechaussée de France au département de Poitou, Touraine & Bretagne, demandeur en Requeste dudit jour 7. Decembre 1696. d'une autre part, & ledit Jacques de Gabory deffendeur, d'autre; & encore entre ledit de Gabory, appellant comme d'abus de la celebration de Mariage, d'entre ledit Clement Michel Villeneau, & ladite Damoiselle Marie Marguerite de Gabory, & demandeur en Requeste du 16. Mars 1697. d'une autre part; & ledit Clement Michel Villeneau, & Damoiselle Marie Marguerite de Gabory, intimez & deffendeurs, d'autre; & encore entre Antoine Portier Sieur de la Bordiere, soy disant Tuteur de Clement Michel Villeneau, fils mineur desdits Clement Michel Villeneau Sieur du Fougeray, & de ladite Marie Marguerite de Gabory, demandeur en Requeste du 12. Novembre 1697. d'une autre part, & ledit Jacques de Gabory, & lesdits Villeneau & Marie Marguerite de Gabory deffendeur, d'autre, & encore entre Maistre Jacques Naudet, Procureur en la Cour, soy disant Tuteur de Bernard Auguste de Villeneau, fils mineur dudit Clement Michel Villeneau, & de ladite Marie Marguerite de Gabory, demandeur en Requeste du 4. du present mois d'Aoust, d'une part; & ledit Jacques de Gabory, lesdits Villeneau & ladite Marie Marguerite de Gabory deffendeurs d'autre. VEU par la Cour l'Arrest d'icelle du 30. Aoust 1695. donné sur le Procés criminel fait au Chastelet, à la Requeste dudit Jacques de Gabory, demandeur & accusateur contre ledit Michel Villeneau, & ledit Clement Michel Villeneau, deffendeurs accusez; & sur les appellations interjettées de la Sentence renduë audit Chastelet le 11. Septembre 1694. par laquelle ledit Michel Villeneau auroit esté declaré dûëment atteint & convaincu, d'avoir contribué à faire sortir ladite Damoiselle Marie Marguerite de Gabory de la Maison de son Pere, & d'avoir vêcu avec elle en commerce de débauche; quoy qu'il y eût des Bancs publiez, & un Contrat de Mariage passé entr'elle & ledit Clement Michel Villeneau son fils; comme aussi d'avoir commis diverses violences, sous pretexte d'exercer les fonctions de sa Charge, même avant que d'y avoir esté reçû; pour reparation dequoy, auroit esté condamné à servir le Roy comme Forçat en ses Galeres, le temps & espace de neuf ans; en 3000. liv. de reparation, dommages & interests envers ledit de Gabory, & aux dépens du Procés, & à l'égard dudit Villeneau fils, les Parties mises hors de Cour & de Procés, dépens compensez, & neanmoins défenses à luy faites & à ladite de Gabory, de se hanter &

frequenter à l'avenir, sous telles peines qu'il appartiendroit ; & sans avoir égard aux Requestes d'icelle de Gabory : Ordonne qu'elle seroit mise entre les mains dudit de Gabory son pere, pour être enfermée en telle Maison Religieuse qu'elle voudroit choisir, par lequel Arrest la Cour faisant droit sur le tout, sans s'arrester à l'intervention de Maistre Gabriël Chastelain Procureur au Chastelet ; au nom de Tuteur de la fille, dont ladite Damoiselle de Gabory étoit accouchée ; & aux demandes portées par les Requestes desdits Michel & Clement Villeneau, pere & fils de ladite Marguerite de Gabory, des 28. Avril 14. & 31. May audit an 1695. ayant aucunement égard à celle d'intervention de Messire François de la Trimoüille & consorts, entant que touchoit les appellations comme d'abus, interjettées par ledit Clement Michel Villeneau, de deux Sentences renduës par l'Official de Luçon : auroit dit qu'il y avoit abus, & sur l'appel desdits Michel & Clement Michel Villeneau, & ladite Marie Marguerite de Gabory, de la procedure extraordinaire contr'eux faite, & decrets decernez contr'eux, tant par l'Assesseur Criminel de Fontenay le Comte, le Lieutenant Criminel dudit Fontenay le Comte, que par le Lieutenant Criminel du Chastelet, auroit mis l'appellation au neant ; & sur l'appel desdits Villeneau pere, & Marie Marguerite de Gabory des Sentences renduës, auroit mis lesdites appellations & Sentences au neant ; Emandant pour reparation des cas mentionnez au Procés, auroit banny ledit Villeneau pere, de la Province de Poitou, & de cette Ville, Prevosté & Vicomté de Paris pour neuf ans ; à luy enjoint de garder son Ban aux peines portées par la Declaration du Roy, & sur l'appel dudit Villeneau fils de ladite Sentence du 11. Septembre 1694. l'appellation ordonne que ce dont avoit esté par luy appellé sortiroit effet ; & neanmoins défenses faites ausdits Villeneau pere & fils, & ladite de Gabory, de ne se hanter ni frequenter, à peine de punition corporelle : Ordonne que ladite de Gabory seroit tenuë de se retirer dans telle maison Religieuse qui seroit choisie & approuvée par le Procureur General, pour y demeurer l'espace d'un an, en laquelle maison Religieuse seroit payée le pension convenuë par ledit Procureur General ; laquelle pension seroit prise sur les biens de ladite de Gabory ; défenses faites à la Superieure dudit Convent de la laisser parler ausdits Villeneau pere & fils. Arrest du 4. Decembre 1696. donné sur la Requeste presentée par ledit Jacques de Gabory de la Bonnetiere, tendante à ce qu'il plût à la Cour, luy donner acte de la plainte qu'il rendoit à l'encontre desdits Michel Villeneau dit du Fougeray, Clement Michel Villeneau, & ladite Marie Marguerite de Gabory ; de ce que par une contravention formelle à l'execution dudit Arrest du 30. Aoust 1695. ils avoient depuis continué de se hanter, frequenter, & de ce qu'ils vivoient actuellement ensemble ; ce faisant, lui permettre d'en faire informer pardevant tel des Conseillers qu'il plairoit à la Cour commettre : Requeroit à cette fin la jonction du Procureur General, pour l'information faite & communiquée audit Procureur General, estre ordonné ce que de raison ; par lequel Arrest la Cour auroit permis audit Jacques de Gabory, de faire informer pardevant le Conseiller Rapporteur des faits contenus en ladite Requeste, circonstances & dépendances, pour l'information faite & communiquée au Procureur General du Roy ; & veu estre ordonné ce que de raison, copie de l'acte de celebration de Mariage, entre ledit Clement Michel Villeneau & ladite Marie Marguerite de Gabory, du 30. Octobre audit an 1693. en l'Eglise de S. Estienne du Mont : signifiée le 7. Decembre audit an. La Requeste dudit Clement de Villeneau & de ladite Marie Marguerite de Gabory, dudit jour 7.

Decembre 1696. à ce qu'il plût à la Cour les recevoir opposans audit Arrest, portant permission d'informer contr'eux, obtenu par ledit Jacques de Gabory le 4. dudit mois de Decembre, & à tout ce qui avoit esté fait en consequence, faisant droit sur l'opposition, declarer la procedure nulle ; Et au principal attendu qu'ils estoient mariez en face d'Eglise, le 30. Octobre precedent, à Saint Estienne du Mont de Paris, le décharger de l'accusation contr'eux intentée par ledit Jacques de Gabory avec dépens ; & en consequence luy faire défenses de recidiver, sauf au Procureur General à prendre contre ledit de Gabory, telles autres conclusions qu'il aviseroit bon estre ; le tout sans préjudice à eux de leurs autres dûs, droits & actions contre ledit de Gabory ; la Requeste dudit Michel Villeneau du Fougeray, du même jour 7. Decembre 1696. à ce qu'il plût à la Cour le recevoir opposant à l'execution de l'Arrest, qu'il avoit eû avis avoir esté obtenu sur Requeste en la Cour le 4. dudit mois de Decembre, par ledit Jacques de Gabory, & à toute la procedure qui pourroit estre faite en consequence, faisant droit sur ladite opposition, declarer toute la procedure nulle, & au principal le décharger de l'accusation calomnieuse contre lui faite par ledit de Gabory, avec dommages, interests & dépens ; autre Requeste desdits Clement Michel Villeneau & Marie Marguerite de Gabory, du 12. dudit mois de Decembre 1696. à ce qu'il plût à la Cour les recevoir opposans à l'Arrest qu'ils avoient eû avis avoir esté obtenu sur Requeste par ledit Jacques de Gabory, ledit jour 4. dudit mois de Decembre, faisant droit sur ladite opposition, declarer la procedure nulle, & au principal les décharge de l'accusation contr'eux intentée par ledit Jacques de Gabory resultans de leur habitation : Ce faisant leur Mariage dûëment celebré en l'Eglise & Paroisse de S. Estienne du Mont de cette Ville de Paris le 30. Octobre audit an ; & en conſequence faire deffenſes audit de Gabory de plus recidiver, ni les inquieter pour raiſon de ce, ſous telle peine qu'il plairoit à la Cour, & le condamner en tous leurs dépens, dommages & intereſts, ſans préjudice à leurs autres droits & actions. Lettres obtenuës en Chancellerie le 13. Mars 1697. par ledit Jacques de Gabory de la Bonnetiere ; contenant appel comme d'abus par luy interjetté de la celebration du Mariage d'entre ladite Marie Marguerite de Gabory ſa fille, & ledit Clement Michel Villeneau. La Requeſte dudit Jacques de Gabory du 16. dudit mois de Mars 1697. à ce qu'il pleuſt à la Cour ordonner, qu'en venant par les Parties plaider ſur l'oppoſition formée par leſdits Villeneau pere & fils, &ladite Marie Marguerite de Gabory à l'execution dudit Arreſt du 4. Decembre 1696. portant permiſſion d'informer : ordonner que les parties viendroient pareillement plaider ſur l'appel comme d'abus interjetté par ledit Jacques de Gabory, de la celebration de Mariage dudit Villeneau fils, & de ladite Marie Marguerite de Gabory ; ce faiſant & deboutant leſdits Villeneau & Marie Marguerite de Gabory de leur oppoſition, declarer ledit Mariage nullement & abuſivement contracté, & en conſequence leur faire iterative deffenſe,de ſe hanter & frequenter, à peine de punition corporelle, & les condamner ſolidairement aux dépens, ſauf audit Jacques de Gabory, à prendre dans la ſuite telles autres concluſions qu'il aviſeroit bon eſtre. La Requeſte dudit Michel Portier Sieur de la Bordiere, tuteur de Jean Michel Villeneau, fils mineur deſdits Clement Michel Villeneau, & Marie Marguerite de Gabory, du 12. Decembre audit an 1697. à ce qu'il pleuſt à la Cour le recevoir partie intervenante en la cauſe d'entre ledit Jacques de Gabory, leſdits Clement Michel Villeneau & ladite Marie Marguerite de Gabory, & ledit Michel Villeneau pere, faiſant droit ſur ſon intervention le recevoir en tant que besoin seroit opposant à l'execution dudit Arrest du 4. Decembre 1696. faisant droit sur son opposition ; declarer la procedure sur laquelle il est intervenu nulle, & décharger lesdits Clement Michel Villeneau & Marie Marguerite de Gabory ses pere & mere, de la calomnieuse accusation contr'eux faite par ledit Jacques de Gabory de la Bonnetiere, & entant que touche l'appel comme d'abus par luy interjetté de la celebration de Mariage des pere & mere dudit Jean Michel de Villeneau, dire qu'il n'y a abus ; faire deffenses audit de la Bonnetiere de troubler à l'avenir leur état, ny celui dudit mineur ; sous telle peine qu'il plairoit à la Cour le condamner, aux dommages, interests & aux dépens, donner acte audit Portier audit nom, de ce que pour tous moyens d'intervention, il employoit le contenu en ladite Requeste. Arrest du 21. Mars 1698. par lequel la Cour sur l'appel auroit appointé les parties au Conseil, & sur la demande en droit & joint, causes & moyens d'appel dudit Jacques de Gabory, servans aussi d'avertissement, signifié le 8. Avril audit an 1698. Contenant ses conclusions, à ce qu'il plût à la Cour par l'Arrest qui interviendroit, sans avoir égard à l'intervention & demande dudit Portier audit nom, dont il seroit debouté, declarer le Mariage pretendu contracté par Villeneau fils & ladite de Gabory le 30. Octobre 1696. nullement & abusivement contracté ; ce faisant débouter lesdits Villeneau pere & fils & ladite de Gabory, de leurs oppositions & demandes, & leur faire iteratives défenses de plus se hanter ni frequenter, à peine de punition corporelle, & les condamner solidairement en tous les dépens ; sauf au Procureur General à prendre telles autres conclusions qu'il aviseroit bon estre. Réponses desdits Clement Michel Villeneau & Marie Marguerite de Gabory, aux causes & moyens d'appel dudit Jacques de Gabory, servans aussi d'avertissement, signifiez les 29. Janvier & 24. Mars dernier, contenant leurs Conclusions, à ce qu'il plût à la Cour les recevoir opposans à la permission d'informer decernez contre eux sur l'appel comme d'abus, dire qu'il n'y a abus; condamner ledit Gabory en l'amende & aux dépens, avertissement desdits Michel Villeneau & Antoine Portier, audit nom, signifiez les 16. May & 19. Juin 1698. Productions des Parties contredites dudit Jacques de Gabory, contre les productions desdits Michel Villeneau, Antoine Portier audit nom, & desdits Clement Michel Villeneau, & Marie Marguerite de Gabory, signifiez les 7. Juin & 10. Juillet 1698. & 3. Juin 1699. Requeste dudit Clement Michel Villeneau, & de ladite Marie Marguerite de Gabory du 13. Juillet dernier; à ce qu'il plût à la Cour leur permettre de produire par production nouvelle les pieces y énoncées, & leur donne acte, de ce que pour contredire contre la production dudit Jacques de Gabory; & pour salvations assez contredites, ils employent le contenu en leur Requeste: & au surplus leur ajuger les Conclusions qu'ils avoient prises dans l'instance; au bas de laquelle Requeste est l'Ordonnance de la Cour, ait acte; & soient la Requestes & Pieces communiquées à Partie, pour y fournir contredits dans le jour, signifiez ledit jour 13. Juillet dernier. Contredits dudit Jacques de Gabory contre ladite production nouvelle, signifiez le 21. dudit mois de Juillet dernier. Sommations de fournir de contredits par lesdits Villeneau & Antoine Portier audit nom, contre la production dudit Jacques de Gabory, production nouvelle dudit Clement Michel Villeneau & ladite Marie Marguerite de Gabory, suivant leur Requeste du 3. dudit mois de Juillet dernier. Contredits dudit Jacques de Gabory contre ladite production, signifiée le 3. du present mois d'Aoust, salvation desdits Clement Michel Villeneau & de ladite Marie Marguerite de Gabory, signifiées le 8. dudit present mois d'Aoust ; la Requeste presentée par Maistre Jacques Naudet Procureur en la Cour, Tuteur de Bernard Auguste de Villeneau, fils Mineur dudit Clement Michel de Villeneau & de ladite Marie Marguerite de Gabory, du 4. du present mois d'Aoust ; à ce qu'il plût à la Cour le recevoir partie intervenante, en l'instance d'appel comme d'abus pendante en icelle ; faisant droit sur son intervention de l'aveu qu'il n'y a abus en la celebration du Mariage en question, & condamner ledit de Gabory aux dépens, dommages & interests dudit Naudet audit nom, avec défenses sur telles peines que de droit de troubler son état ; luy donner acte de ce que pour moyens d'intervention, écritures & production ; il employoit & produisoit son extrait Baptistaire du 14. Juin dernier ; à la Sentence du 27. Juillet aussi dernier, avec tout ce qui a esté & seroit dit, écrit & produit en ladite instance par lesdits Villeneau & Gabory ses pere & mere, & par Michel Jean de Villeneau son frere, au bas de laquelle Requeste est l'ordinaire de la Cour, reçûë partie intervenante sur l'intervention, appointe les parties en droit, & joint à l'instance principale d'entre elles, & acte de l'employ signifié ledit jour 4. du present mois d'Aoust. Requeste dudit Jacques de Gabory du même jour, signifiée le cinq, par luy employée pour défenses, écriture & production en execution de ladite Ordonnance, apposée au bas de la Requeste dudit Naudet, dont acte auroit esté octroyé ; memoire servant de salvations dudit Clement Michel de Villeneau & de ladite Marie Marguerite de Gabory, signifiée le cinq dudit present mois d'Aoust. Requeste dudit Clement Michel Villeneau & de ladite Marie Marguerite de Gabory dudit jour cinq du present mois d'Aoust ; à ce qu'il plût à la Cour luy donne acte, de ce que pour salvations à tous les lès contredits, & autres écritures fournies par Jacques de Gabory ; ils employoient le contenu au mémoire imprimé servant de salvations ; ce faisant, procedant au jugement de l'instance, leur ajuger les fins & conclusions par eux prises avec dépens, au bas de laquelle Requeste est l'Ordonnance de la Cour, ait acte, signifié ledit jour cinq du present mois d'Aoust. Veu aussi le Procez Criminel du Chastelet, à la requeste dudit Jacques de Gabory, Demandeur & Accusateur contre ledit Michel Villeneau, sur lequel ladite Sentence du 11. Septembre 1694. & Arrest du 30. Aoust 1695. sont intervenus. Arrest du 13. Aoust 1698. donné à l'audiance entre ledit Jacques de Gabory Demandeur, & lesdits Villeneau, Marie Marguerite de Gabory & Portier audit nom, par lequel la Cour auroit donné défaut, & pour le profit ordonné que les informations & autres procedures, sur lesquelles lesdites Sentences & Arrêts sont intervenuës, seroient mises dans un sac à part, & jointes à l'instance d'entre les Parties, pour en jugeant y avoir tel égard que de raison. Autre Arrest du 17. Decembre audit an 1698. donné à ladite Damoiselle, entre lesdits Michel Villeneau, Clement Michel Villeneau, Marie Marguerite de Gabory & Antoine Portier audit nom ; opposans à l'execution dudit Arrest du 13. Aoust audit an 1698. d'une part, & ledit Jacques de Gabory Deffendeur d'autre, par lequel la Cour auroit donné congé, & pour le profit debouté lesdits Villeneau & consors de leur opposition, & condamné iceux aux dépens, Conclusions du Procureur General du Roy : Oüi le rapport de Mr Antoine Portail Conseiller ; tout consideré. LADITE COUR, faisant droit sur le tout ; ayant égard à la demande dudit Jacques de Gabory de la Bonnetiere, portée par sa Requeste du 16. Mars 1697. sans s'arrêter aux oppositions & demandes desdits Villeneau pere & fils, & de ladite Marie Marguerite de Gabory ; &

aux interventions & demandes desdites parties de Naudet portées par leur Requestes des 7. & 12. Decembre 1696. 12. Decembre 1697. & 4. du present mois d'Aoust, dont elle les déboute, en tant que touché l'appel comme d'abus, interjetté par ledit Jacques de Gabory, dit qu'il a esté mal, nullement & abusivement procedé & celebré : Declare le Mariage d'entre ledit Clement Michel Villeneau, & ladite Marie Marguerite de Gabory non valablement contracté, & en consequence ordonné que l'Arrest du 30. Aoust 1695. sera executé, & suivant iceluy fait iteratives deffenses ausdits Villeneau pere & fils, & à ladite de Gabory, de se hanter ni frequenter, à peine de punition corporelle ; condamné lesdits Clement Michel Villeneau & ladite de Gabory, aumôner chacun la somme de dix livres au pain des prisonniers de la Conciergerie du Palais ; & l'un & l'autre se charger des enfans dont ladite de Gabory est accouchée, iceux faire nourrir & entretenir, & élever en la Religion Catholique, Apostolique & Romaine ; jusqu'à ce qu'ils soient en âge de pouvoir gagner leurs vies & leur faire apprendre métier ; le tout à frais communs, solidairement, dont ils seront tenus rapporter certificat au Procureur General du Roy, de trois mois en trois mois ; & outre les condamner solidairement avec ledit Michel Villeneau pere, en tous les dépens à leur égard ; & lesdites parties & Naudet esdits noms, en ceux faits chacun à leur égard, lesquels neanmoins seront portez par lesdits Villeneau pere & fils, & ladite de Gabory aussi solidairement : Fait en Parlement, le 17. Aoust 1699.

ARREST DE LA COUR DE PARLEMENT.

Du troiſiéme Aouſt 1700.

Portant Reglement pour les Mariages ; avec deffenſes aux Juges Inferieurs d'en connoiſtre.

Extrait des Regiſtres de Parlement.

ENTRE Marie Pironneau, fille majeure, ſoy diſante, femme d'Alphonſe Biſard, Appellante d'une Sentence renduë en la Senechauſſée de Saumur, le 12. Juin 1697. & Demandereſſe en Requeſtes des 1. Juin 1699. & 28. Juillet 1700. La premiere afin d'oppoſition à l'Arreſt par deffaut, du 22. May audit an 1699. & la ſeconde à ce qu'en infirmant ladite Sentence, & en confirmant la celebration du mariage contracté entre elle, & ledit Alphonſe Biſard, en la Ville de Perpignan, le 26. Septembre 1696. & en deboutant ledit Biſard de la demande en enterinement des Lettres de Reſciſion par luy obtenuës, le 9. May 1700. & du ſurplus de ſes Requêtes, il plût à la Cour mettre l'Appel interjetté par ledit Biſard, & par Louïſe Chumeau ſa mere, de ladite celebration de mariage au néant, avec amende & dépens, & où la Cour feroit la moindre difficulté de confirmer ledit mariage audit cas, ledit Biſard fut condamné avec ladite Chumeau ſa mere, à luy payer la ſomme de 3000. liv. à laquelle elle ſe reſtraint pour ſes dommages & intereſts ; & que ledit Biſard fut tenu de ſe charger de Marie Biſard ſa fille, & de ladite Pironneau, née, & procreée de leur Mariage, pour la faire élever en la Religion Catholique, Apoſtolique & Romaine; ſoigner à ſon éducation, & l'entretenir ſelon ſa qualité, & condamner en outre, tant ladite Chumeau que ledit Biſard en tous les dépens d'une part, & Damoiſelle Loüiſe Chumeau, veuve de Maître Alphonſe Biſard, intimez d'autre part; & entre ladite Louïſe Chumeau, veuve d'Alphonſe Biſard, appellante comme d'abus de la pretenduë celebration de mariage, fait entre ledit Alphonſe Biſard ſon fils, & ladite Pironneau, dans l'Egliſe ſaint Mathieu de la Ville de Perpignan, le 26. Septembre 1696. ſuivant les Lettres de Relief d'Appel comme d'abus, par elle obtenuës en Chancellerie, le 29. May 1700. & Demandereſſe en Requeſte du 7. Juin 1700. tendante à ce qu'il plût à la Cour, en prononçant ſur les Appellations des parties, dire qu'il y a abus dans la celebration dudit pretendu mariage; & en conſequence mettre l'Appellation interjettée par ladite Pironneau de ladite Sentence du Senechal de Saumur, du 12. Juin 1697. au néant; Ordonner que ce dont eſt Appel à cet égard ſortira effet, & condamner ladite Pironneau aux dépens d'une part, & ladite Marie Pironneau Intimée, & Deffendereſſe d'autre part; & entre ledit Alphonſe Biſard, Demandeur en Lettres par luy obtenuës en Chancellerie le 29. May 1700. afin de reſtitution contre le Contrat de mariage paſſé entre luy & ladite Pironneau en la Ville de la Reolle en Gaſcogne, le 28. Septembre 1695. & Actes approbatifs d'iceluy, & en Requeſte du 7. Juin dernier, à ce que leſdites Lettres de Reſtitution fuſſent enterinées; ce faiſant en prononçant ſur ledit Appel comme d'abus, que les Parties fuſſent remiſes en tel, & ſemblable eſtat qu'elles eſtoient avant ledit Contrat de mariage d'une part, & ladite Marie Pironneau Deffendereſſe d'autre part; & encore entre leſdits Alphonſe Biſard fils, & Louïſe Chumeau, veuve d'Alphonſe Biſard ſa mere, Demandeurs en Requeſte du 26. Juillet 1700. à ce qu'en venant par les parties plaider, tant sur l'appel de ladite Pironneau, de ladite Sentence de la Senechaussée de Saumur, du 12. Juin 1697. que sur l'appel comme d'abus interjetté par ladite Chumeau, de la celebration dudit pretendu Mariage entre lesdits Alphonse Bisard & Marie Pironneau, du 26. Septembre 1696. en declarant ledit Mariage nullement & abusivement contracté, & celebré, il fût fait deffenses à ladite Pironneau de prendre à l'avenir la qualité de femme dudit Bisard ; & que le Registre de Baptêmes sur lequel est écrit le Baptême de l'enfant dont elle est accouchée, sera representé, pour estre le nom de Bisard rayé & biffé, & au surplus leur donner Acte, de ce qu'en consequence ils n'insistent point au jugé de ladite Sentence, & se rapportent à la Cour de prononcer à cet égard sur l'appel que ladite Pironneau en a interjetté, ainsi qu'elle trouvera à propos par sa prudence ordinaire, & condamner ladite Marie Pironneau en tous les dépens d'une part, & ladite Marie Pironneau Deffendresse d'autre part. Aprés que de Richebourg Avocat de Louïse Chumeau, & d'Alphonse Bisard, & Marizet Avocat de Marie Pironneau ont esté ouys pendant une audiance entiere, ensemble Daguesseau pour le Procureur General du Roy. LA COUR en tant que touche l'appel comme d'abus, dit qu'il y a abus, faisant droit sur l'appel interjetté de la Sentence du Senechal de Saumur, dit qu'il a esté mal, nullement & incompetament jugé : Fait deffenses audit Senechal de prendre connoissance de pareilles matieres, met l'Appellation, & ce dont a esté appellé au néant, émandant a déchargé la Partie de Marizet du Decret d'Adjournement personnel contre elle décerné par ledit Juge, ayant égard aux Lettres obtenuës par la partie de Richebourg, remet les parties en tel estat qu'elles estoient avant le Contrat de mariage, & sur la demande de la partie de Marizet, afin de dommages & interêts, met les Parties hors de Cour

& de procés, dépens compensez. Ordonne neanmoins que la partie de Richebourg sera tenuë de se charger de l'enfant procreé des œuvres des parties de Richebourg & Marizet, de le faire nourrir & élever dans la Religion Catholique, Apostolique, & Romaine, & de luy faire apprendre un métier, & d'en rapporter les certificats au Substitud du Procureur General du Roy, en la Senechaussée de Saumur, en la maniere accoûtumée; & qu'autant du present Arrest, sera transcrit à la marge du Registre des Baptêmes de la Parroisse, où ledit enfant a esté baptisé, à l'endroit de son baptistaire. Fait en Parlement le troisiéme Aoust 1700. Collationné. Signé, DU TILLET.

SENTENCE ET ARREST.

Extrait des Registres de la Prevôté de Saumur.

EN l'Audiance de la Cause d'entre Damoiselle Loüise Chumeau, veuve Maître Alphonse Bisard, vivant Avocat à ce Siege, Demanderesse comparante par Maître Pierre Delossendiere le jeune, Alphonse Bisard, Cadet au Regiment de Sourche, procedant sous l'autorité de Maître Jean Tricault, Notaire Royal en cette Ville, son Curateur aux Causes Deffendeur, comparant par Maître Maurice Bisard, Marie Pironneau, fille procedante sous l'autorité de Maître Philippes Demion Avocat à ce Siege, aussi Deffenderesse comparante par Maître Clement Vallette le jeune, respectivement leurs Avocats & Procureurs, aprés lesquelles comparutions parties, & le Procureur du Roy ouyes, sans que les qualitez puissent nuire ny prejudicier, lesquelles resteront en l'estat qu'elles sont, & seront reglées lors de nôtre jugement diffinitif. NOUS ordonnons au principal, que les parties se pourvoiront pardevers Nosseigneurs de Parlement, par appel comme d'abus du pretendu Mariage entre ledit Alphonse Bisard, & ladite Pironneau, ou autrement, ainsi qu'ils aviseront : & cependant que nôtre Ordonnance du sera executée selon sa forme & teneur, & conformement à icelle, que la declaration que ladite Pironneau, ou gens de sa part, pourront faire au sieur Curé de cette Ville, ses Vicaires ou autres Prestres, lors qu'ils leur presenteront à baptiser l'enfant dont ladite Pironneau est actuellement enceinte, ne pourra nuire ny prejudicier aux droits, tant de ladite Chumeau que dudit Alphonse Bisard, lequel avons condamné de se charger dudit Enfant, incontinant aprés sa naissance, & iceluy faire élever en la Religion Catholique, Apostolique, & de l'état d'iceluy certifier le Procureur du Roy de trois mois en trois mois ; reservé à faire droit sur le surplus des Conclusions du Procureur du Roy contre la Pironneau mere, à l'issuë de l'Instance du Parlement. Mandant au premier Sergent Royal sur ce requis, faire pour ces presentes tous Actes de Justice à ce requis & necessaires ; de ce faire audit Sergent, avons donné & donnons pouvoir, & mandement special. DONNE' à Saumur Pardevant Nous Pierre Fournier, Sieur de Borsairault, Conseiller du Roy, President, Prevost, Juge Ordinaire, Civil & Criminel audit lieu, le quatorze Février mil six cens quatre-vingt-dix-sept. Minutte. Signée. P. FOURNIER.

EXTRAIT DES REGISTRES DU GREFFE de la Senechaussée de Saumur.

EN l'Audiance de la cause d'entre Damoiselle Loüise Chumeau, veuve en seconde Nôces de deffunt Maître Alphonse Bisard, vivant Avocat en

Parlement, & à ce Siege ; appellante de Sentence renduë par le Juge Prevost de cette Ville, le quatorziéme Février dernier, comparante par Maître Pierre Delossendiere, Marie Pironneau fille, procedante sous l'autorité de Maître Philippes Demion Avocat à cedit Siege, son Curateur en Cause, Intimé audit appel, comparante par Maître Clement Valette le jeune, Alphonse Bisard, Soldat, émancipé, procedant sous l'autorité de Maître Jean Tricault, Notaire Royal en cette Ville, aussi Intimé, comparant par Maître Maurice Bisard, respectivement leurs Avocats & Procureurs ; aprés lesquelles comparutions Parties, & le Procureur du Roy ouyes sans que les qualitez se puissent nuire, ny préjudicier. Nous disons qu'il a esté mal jugé, corrigeant, & émendant, Nous avons déclaré le mariage d'entre lesdits Bisard & Pironneau, non-valablement contracté. A ce moyen Nous avons fait deffense à ladite Pironneau de prendre la qualité de femme de Bisard ; & ordonné que le papier des Baptêmes, sur lequel le fils de ladite Pironneau a esté enregistré, sera represénté, pour estre le nom de Bisard biffé & rayé, & condamne ladite Pironneau aux dépens, tant de la cause principale que d'appel ; & faisant droit sur les Conclusions du Procureur du Roy, Nous avons décerné Decret d'Adjournement personnel contre ladite Pironneau & sa mere, & permet d'informer plus amplement. Mandant au premier Sergent Royal sur ce requis, faire pour l'effet des presentes, tous actes de justice à ce requis & necessaire. DONNE' à Saumur, Pardevant Nous Henry Mocet, Chevalier Sieur Dubuisson, Conseiller du Roy, President, Senechal, Lieutenant General audit lieu, le douziéme Juin mil six cens quatre-vingt-dix-sept. Minutte Signée, MOCET.

ARREST DE LA COUR DE PARLEMENT,

Du douzième Avril 1704.

Qui caſſe un Mariage contracté par un Mineur, ſans le conſentement de ſon Curateur.

Extrait des Regiſtres de Parlement.

ENTRE Henry Larcher Sieur de Blainville, Jacques Barbier, Marie-Anne Remy ſon Eſpouſe, Marguerite Larcher Fille Majeure, Catherine Charlotte Remy, ſe diſante Eſpouſe de Bernard Berger Eſcuyer, Sieur de Villepart, Appellans de la Plainte, Information, Decret d'aſſigné pour eſtre oüis, contre eux decerné par le Lieutenant Criminel du Chaſtelet de Paris, le ſeize Decembre mil ſept cens trois, & de ce qui a ſuivi, & Demandeurs en Requeſtes des trente Janvier, huit & dix-huit Février mil ſept cens quatre, afin d'évocation du principal; & y faiſant droit, mettre l'Appellation & ce au neant, émendant, les renvoyer de l'Accuſation intentée contre eux audit Chaſtelet, avec dommages intereſts & dépens d'une part: Et René Berger Conſeiller du Roy, Payeur des Rentes de l'Hoſtel de cette Ville de Paris; Curateur crée par Juſtice à l'émancipation dudit Bernard Berger Eſcuyer, Sieur de Villepart ſon Neveu, Intimé & Deffendeur d'autre: Et entre ledit René Berger audit nom de Curateur crée par Juſtice à l'émancipation dudit Bernard Berger de Villepart, Appellant en tant que beſoin eſt ou ſeroit comme d'abus de la pretenduë celebration, ſi aucun y a,. de Mariage entre ledit Bernard Berger de Villepart, & ladite Catherine Charlotte Remy, & Demandeur en Requeste du vingt-neuf Janvier mil sept cens quatre, à ce qu'il plaise à la Cour en venant plaider sur l'appel dudit Henry Larcher de Blainville & Consorts, ordonner que les parties concluront sur ledit Appel comme d'abus; Ce faisant, & où il y auroit un Mariage contracté & celebré entre ledit Bernard Berger de Villepart, & ladite Catherine-Charlotte Remy, dire qu'il a esté mal, nullement & abusivement procedé & celebré, declarer ledit pretendu Mariage nul; faire deffenses aux parties de se hanter ny frequenter: condamner ledit Larcher & autres en ses dommages & interests & aux dépens, sauf au Procureur General du Roy à prendre telles Conclusions qu'il avisera bon estre pour la vengeance publique, & Deffendeur d'une part: Et lesdits Henry Larcher de Blainville, Jacques Barbier, Marie-Anne Remy son Epouse, Marguerite Larcher & Catherine-Charlotte Remy, Intimez, Deffendeurs & Demandeurs en Requestes des quatorze Février & cinq Mars 1704. à ce qu'ils soient declarez follement Intimez sur ledit appel comme d'abus, avec dommages, interests & dépens d'autre part: Et entre ledit Bernard Berger, Demandeur en Requeste du 9. Février 1704. à ce qu'il plaise à la Cour le recevoir partie intervenante en la Cause d'entre ledit René Berger & ladite Catherine-Charlotte Remy, faisant droit sur son intervention, renvoyer ladite Catherine-Charlotte Remy de l'Accusation contr'elle formée, avec dommages, interests & dépens, d'une part: Et ledit René Berger audit nom de Curateur, & ladite Catherine-Charlotte Remy, Deffendeurs d'autre: Et entre Maistre Jacques Lelong Prestre de l'Oratoire, Claude-René Lelong Conseiller du Roy, Payeur des Gages de la Cour, Claude Berger Bourgeois de Paris, Claude-

Pierre Boucher Procureur en la Chambre des Comptes, à cause de Damoiselle Marguerite Lelong sa Femme, Claude Berger Conseiller du Roy, Notaire Garde-Nottes & Garde-Scel au Chastelet de Paris, Oncles paternels & maternels, ledit Berger Notaire, Cousin germain paternel, Pierre-François Ogier Conseiller du Roy, Receveur General des Finances de la Generalité de Montauban, à cause de Dame Marie-Therese Berger son Espouse, beau-Frere, Damoiselle Jeanne-Julie Berger, émancipée d'âge, procedant sous l'autorité dudit René Berger son Curateur, Sœur dudit Bernard Berger de Villepart, Demandeurs en Requeste du six Mars 1704. à ce qu'il plaise à la Cour les recevoir parties intervenantes en la cause d'entre lesdits René Berger, Henry Larcher de Blainville & autres ; ce faisant, leur donner acte de ce qu'ils adherent aux Conclusions dudit René Berger, & consentent que l'Arrest qui interviendra soit declaré commun avec eux, condamner lesdits Larcher & autres aux dépens d'une part : Et lesdits René Berger audit nom de Curateur dudit Bernard Berger de Villepart, Henry Larcher de Blainville, Jacques Barbier, Marie-Anne Remy sa femme, Marguerite Larcher & Catherine-Charlotte Remy, Deffendeurs d'autre : Et encore entre ledit Bernard Berger de Villepart, Demandeur en Requeste du treize dudit mois de Mars, à ce qu'il plaise à la Cour declarer ledit Berger son Curateur non recevable en sondit appel comme d'abus ; & ou la Cour y trouveroit quelque difficulté, & quelque nullité dans la celebration de Mariage, d'entre luy & ladite Catherine-Charlotte Remy, luy donner acte des offres qu'il fait de réhabiliter iceluy Mariage, & luy adjuger au surplus ses autres fins & conclusions, & condamner son Curateur en tous les dépens d'une autre part : Et ledit Sieur René Berger audit nom de Curateur dudit Bernard Berger d'une part,

Deffendeur d'autre : Et encore entre ladite Catherine-Charlote Remy, Demanderesse en Requeste du 14. dudit mois de Mars, à ce qu'il plaise à la Cour declarer ledit René Berger & Consors non recevables en leur appel comme d'abus ; & où la Cour y trouveroit quelque difficulté, ordonner que dans le temps qu'il luy plaira l'acte de celebration de son Mariage avec ledit Bernard Berger de Villepart en l'Eglise de Saint Cernin de Toulouze sera raporté, & jusqu'à ce surcis au Jugement dudit appel comme d'abus, & condamner ledit René Berger aux dépens d'une autre part : Et ledit René Berger audit nom de Curateur dudit Bernard Berger de Villepart, Jacques Lelong, Claude Berger, Claude Pierre Boucher, Claude Berger, Pierre François Ogier, & Damoiselle Jeanne-Julie Berger, Deffendeurs d'autre : Et encore entre ledit Bernard Berger de Villepart, Appellant de la Plainte, information, décret d'assigné pour estre oüy, contre luy decerné par le Lieutenant Criminel du Chastelet de Paris, du six Février 1704. & de ce qui a suivy d'une autre part : Et Alexandre-Germain Gassion Bourgeois de Paris, Tuteur de ladite Catherine-Charlotte Remy, Intimé d'autre part, sans que les qualitez puissent préjudicier aux Parties. Aprés que de Lombreüil Avocat de ladite Catherine-Charlotte Remy & dudit Alexandre-Germain Gassion, Macé Avocat dudit Jacques Barbier & sa femme, Gondoüin Avocat dudit Henry Larcher de Blainville, Tribolet Avocat de ladite Marguerite Larcher, Guyot Duchesne Avocat dudit René Berger audit nom de Curateur, Quillet Avocat dudit Bernard Berger de Villepart, Secousse Avocat desdits Jacques, Claude-René Lelong, Claude-Pierre Boucher, Claude Berger, Pierre-François Ogier & Jeanne-Julie Berger intervenans, ont esté oüis pendant quatre Audiances, ensemble Joly pour le Procureur General du Roy, qui a fait recit des informations. LA COUR A Receu les parties de Quillet & de Secousse parties intervenantes, & au principal, sans s'arrester aux Requestes de la partie de Quillet & de Catherine-Charlotte Remy, ayant égard à celles de Guyot & de Secousse, en tant que touche l'appel comme d'abus de la pretenduë celebration de Mariage d'entre la partie de Quillet & Catherine-Charlotte Remy, dit qu'il y a abus, leur fait deffenses de prendre la qualité de mary & de femme, & de se hanter ny frequenter, sous telle peine qu'il appartiendra; & faisant droit sur les Appellations simples respectivement interjettées par les parties, a mis & met les Appellations & ce dont a esté appellé au neant, émendant évoque le principal, y faisant droit, condamne les Parties de Quillet & ladite Catherine-Charlotte Remy, aumôner chacun la somme de trois livres, & les Parties de Macé, de Tribolet & Gondoüin, aumôner aussi chacun la somme de dix liv. au Pain des Prisonniers de la Conciergerie du Palais, & la Partie de Quillet prendre l'Enfant duquel ladite Catherine-Charlotte Remy est accouchée, ensemble celuy dont elle est enceinte, lors qu'il sera né, & iceux faire nourrir, entretenir & élever en la religion Catholique, Apostolique & Romaine, jusqu'à ce qu'ils soient en âge de gagner leur vie, dont il sera tenu de rapporter certificat au Substitut du Procureur general du Roy au Chastelet, de trois mois en trois mois, en quatre mil livres de dommages & interests vers ladite Catherine-Charlotte Remy, & en tous les dépens faits à son égard vers ladite Remy & Gassion audit nom; & les parties de Macé Tribolet & Gondoüin aux dépens à cet égard, vers les parties de Guyot & de Secousse, tous autres dépens compensez. FAIT en Parlement, le douziéme jour d'Avril mil sept cens quatre. Collationné. Signé, DE LA BAUNE.

DE L'INSINUATION DES dispenses & publications de Bans de Mariages.

Extrait de l'Edit de creation des Greffiers des Insinuations Ecclesiastiques du mois de Decembre 1691.

ARTICLE XIX.

ET d'autant qu'il paroit souvent devant nos Juges des reclamations contre les Professions religieuses suspectes d'antidates, voulons que les actes de reclamation dans les cinq années contre la Profession religieuse, ensemble les dispenses de la publication d'un ou de deux Bans de Mariage, soient insinuez dans le mois de leur date, à peine nullité. Et seront pareillement insinuez les actes de Vesture, Noviciat & Profession, les Indults de translation d'un Ordre à un autre, les Brefs declaratoires de nullité d'une Profession religieuse, les Sentences sur lesdits Brefs, les dispenses de Mariages, & les Sentences de fulmination, autrement les parties ne pourront s'en servir devant nos Juges, & seront tenus les Greffiers d'insinuer sans frais les actes concernant la Profession des Religieux & Religieuses des Ordres mandians,

DECLARATION DU ROY,

Qui ordonne que les diſpenſes de Mariage, & les Publications de Bans, ou les diſpenſes qui en auront eſté obtenuës, enſemble l'inſinuation deſdites diſpenſes, ſoient énoncées dans les actes de celebration de Mariage, lors qu'ils seront enregiſtrées par les Curez ou Vicaires, &c.

Du ſeize Février 1692.

LOUIS par la grace de Dieu, Roy de France & de Navarre : A tous ceux qui ces preſentes Lettres verront, Salut. Par noſtre Edit du mois de Decembre 1691. nous avons créé des Offices de Greffiers des Inſinuations Eccleſiaſtiques dans chaque Dioceſe de noſtre Royaume, auſquels nous avons attribué des droits ſuivant le Tarif arreſté en noſtre Conſeil le onze du même mois, & entr'autres douze livres pour l'inſinuation de chaque, d'un ou de deux Bans : Mais il nous a eſté repreſenté qu'encore que l'inſinuation deſdites diſpenſes faſſe une des plus conſiderables parties des émolumens deſdits Officiers, cependant ils n'en retireroient pas tout le profit qu'ils en devroient attendre, parce que par l'article 19. dudit Edit, nous avions ſeulement ordonné une peine de nullité deſdites diſpenſes de Bans faute de les faire inſinuer, ce qui n'emporteroit aucune obligation de les faire inſinuer à l'égard de toutes les perſonnes majeures, ny même des mineurs qui contracteroient Mariage du conſentement de leurs pere & mere, le défaut de publication de Bans n'estant jugé essentiel pour la validité des Mariages des personnes mineures, qu'ainsi la plûpart des contractans se dispenseroient impunément de ladite insinuation en fraude des droits attribuez ausdits Offices ; & qu'à l'égard des dispenses de Mariages, comme nous avons seulement ordonné qu'elles seroient insinuées, autrement que les parties ne pourroient s'en aider devant nos Juges, les contractans ne se mettroient en peine de les faire insinuer, qu'en cas que leur estat fust contesté, qui seroit un cas si rare, que l'on peut dire que le droit des Officiers à cet égard seroit absolument aneanty, & qu'il seroit bien plus seur pour l'execution dudit Edit, & pour assujettir toutes sortes de personnes à faire insinuer lesdites dispenses, au lieu des peines portées par l'Edit, de faire deffenses aux Curez & aux Vicaires d'enregistrer aucunes celebrations de Mariage, que la dispense de Mariage ou de Bans s'il y en avoit aucune, n'eust esté insinuée ; parce que par ce moyen tous les contractans qui auroient interest d'établir la preuve de leur Mariage, en le faisant mettre sur le Registre, se trouveroient obligez indispensablement de faire insinuer lesdites dispenses, au moyen dequoy les droits que nous avons attribuez ausdits Officiers leur seroient asseurez, & ne pourroient estre fraudez : ce qui nous ayant paru important pour l'execution de nostredit Edit, & pour maintenir lesdits Officiers dans la joüissance entiere de tous lesdits droits. A CES CAUSES, de nôtre certaine science, pleine puissance & autorité Royale, nous avons par ces presentes signées de nôtre main, en interpretant en tant que besoin seroit nostredit Edit du mois de Decembre 1691. dit & declaré, disons & declarons, voulons & nous plaist, qu'à l'avenir, du jour de la publication des Presentes, les dispenses de Mariage & les publications de Bans, ou les dispenses qui en auront esté obtenuës, ensemble

ensemble l'insinuation desdites dispenses soient énoncées dans les actes de celebration de Mariage, lors qu'ils seront enregistrez par les Curez ou Vicaires; leur deffendons de mettre lesdits actes de celebration sur leurs Registres, si lesdites dispenses ne sont insinuées, & sans y faire mention desdites dispenses de Mariages & des publications de Bans, ou des dispenses qui en auront esté obtenuës, ensemble de l'insinuation desdites dispenses & de sa datte, le tout à peine de 50. livres d'amende pour chaque contravention, applicable aux Hôpitaux des lieux, au payement de laquelle ils pourront estre contraints par saisie de leur temporel, dérogeant pour cet effet à l'article 19. de nostredit Edit du mois de Decembre 1691. lequel nous voulons au surplus estre executé selon sa forme & teneur. Si donnons en mandemens à nos amez & feaux Conseillers les Gens tenans nostre Cour de Parlement de Paris, que ces Presentes ils ayent à faire registrer, & le contenu en icelles garder & observer selon leur forme & teneur, nonobstant tous Edits, Declarations, Ordonnances, Reglemens & autres choses à ce contraires, ausquels nous avons dérogé & dérogeons par ces Presentes; aux copies desquelles collationnées, par l'un de nos amez & feaux Conseillers & Secretaires, voulons que foy soit ajoûtée comme à l'original: Car tel est nostre plaisir. En témoin de quoy nous avons fait mettre nostre Scel à cesdites Presentes. Donné à Versailles le seiziéme jour de, Février l'an de grace mil six cens quatre-vingt-douze. Et de nostre Regne le quarante-neuviéme. Signé, LOUIS. Et plus bas, Par le Roy, Phelypeaux. Et scellées du grand Sceau de cire jaune.

Registrées, à Paris en Parlement le vingt-huit Février 1692. Signé, du Tillet.

ARREST DE LA COUR DE PARLEMENT.

Du dixiéme Juin 1693.

Portant l'Omologation du Reglement donné par Monſeigneur l'Archevêque, ſur l'Honoraire des Curez & des Eccleſiaſtiques de la Ville & Faux-Bourgs de Paris.

Extrait des Regiſtres de Parlement.

VEU par la Cour la Requeſte à elle preſentée par Nicolas Gobillon, Curé de la Paroiſſe de ſaint Laurent; François de Montmignon, Curé de la Paroiſſe de S. Nicolas des Champs; Nicolas Blampignon, Chefcier, Curé de S. Mederic; Leonard de Lamet, Curé de S. Euſtache; Jullien Gardeau, Curé de S. Eſtienne; Jean Lizot, Curé de S. Severin; Joſeph Boucher, Curé de S. Nicolas du Chardonnet; François Macé, Chefcier, Curé de S. Opportune; Henry Baudran, Curé de S. Sulpice; Georges Guerin, Curé de S. Martial; Loüis de Marillac, Curé de S. Germain l'Auxerrois; & Gilles le Sourt, Curé de S. Paul. Contenant que par Arreſt du 16. Janvier dernier, il a eſt ordonné que dans quainzaine les Suppliant donneroient au ſieur Archevêque de Paris, un Etat des droits qu'ils pretendent eſtre en poſſeſſion de prendre pour les Baptêmes, Enterremens, mêmes pour les Mariages, dans chacune Paroiſſe, pour eſtre reglez par ledit ſieur Archevêque de Paris dans les ſix mois ſuivans, & le Reglement Omologué en ladite Cour, iceluy préalablement communiqué au Procureur General du Roy. En execution duquel Arrest, les Supplians ont donné les Memoires contenant les droits à eux dûs, & qu'ils sont en possession de prendre & percevoir pour les choses susdites. Sur lesquels ledit sieur Archevêque de Paris a fait faire le 30. May dernier un Etat, par lequel il a reglé les droits qui seront payez aux Curez des Paroisses de cette Ville & Faux-borgs de Paris pour leurs Honoraires, à cause des Mariages, Convois & Enterremens qui seront faits en leurs Eglises. Pour autoriser lequel Etat en forme de Reglement, les Supplians ont esté conseillez de se pourvoir. A CES CAUSES, requeroient qu'il plût à ladite Cour ordonner que ledit Etat en forme de Reglement seroit Omologué en ladite Cour, pour estre executé selon sa forme & teneur. Veu aussi ledit Etat dont la teneur ensuit. FRANÇOIS par la grace de Dieu & du saint Siege Apostolique Archevêque de Paris, Duc & Pair de France, Commandeur des Ordres du Roy : A tous ceux qui ces Presentes verront, Salut en nostre Seigneur. Il seroit à souhaiter que nous puissions voir de nos jours le détachement des biens de la terre, qui dans la primitive Eglise faisoit la gloire des Chrestiens & l'étonnement des Idolâtres. Les Fideles se dépoüillans des biens qu'ils possedoient, en rendoient les Apostres dépositaires ; & les Apostres, même en soûtenant leurs droits, ne s'approprioient rien de tout ce qui leur estoit presenté, ne cherchans que l'édification & le salut des Fideles. Il y avoit entr'eux un esprit de desinteressement, qui inspirant aux uns de donner tout, engageoit les autres à ne recevoir rien : Mais la cupidité qui est la racine de tous les maux, s'estant glissée dans le cœur des hommes, quelques Fideles ont esté si injustes, qu'ils ont refusé aux Prestres de la loy nouvelle, la subsistance honneste que les Juifs ne refuſoient pas aux Preſtres de l'ancienne loy, & quelques Preſtres ont eſté ſi intereſſez, qu'on a eſté obligé de leur reprocher qu'ils exerçoient par un gain ſordide les dignitez Eccleſiaſtiques qu'ils s'eſtoient acquiſes, comme parle S. Bernard, par une negociation de tenebres. On ne peut aſſez blâmer en ces occaſions l'avarice des Peuples; car enfin n'eſt-il pas juſte que ceux qui ſervent à l'Autel vivent de l'Autel, comme parle l'Apoſtre S. Paul? Les Peuples ne ſont-ils pas obligez de faire part de leurs biens temporels aux Miniſtres de JESUS-CHRIST, qui travaillent inceſſamment à leur procurer des biens ſpirituels? Peuvent-ils refuſer à leurs Paſteurs la nourriture qui eſt neceſſaire pour le ſoûtient de leur vie, en attendant comme parle S. Auguſtin, qu'ils reçoivent de Dieu la recompenſe des peines qu'ils ſouffrent dans les fonctions de leur miniſtere? On ne peut auſſi s'empêcher de blâmer la cupidité des Paſteurs, qui preferans leurs propres intereſts à ceux des Peuples que Dieu a confié à leurs ſoins, ne s'acquittent de leurs fonctions que dans la vuë de la retribution qu'ils eſperent, & qui voulans mettre comme à prix d'argent les Dons de l'Eſprit-Saint, que JESUS-CHRIST a acquis pour tous les Fideles au prix de ſon Sang adorable, ſont dans la douleur quand ils ſont obligez de les leur communiquer gratuitement. Les Curez de cette Ville ſont ſi jaloux de repondre par leur deſintereſſement à la pieté & à la charité des Peuples, qu'ayant appris que quelques conteſtations auroient eſté meuës pour raiſon de leurs Honoraires, il ſe ſeroient retirez par devers Nous, conformément aux ſacrez Canons des Conciles Generaux, aux Statuts de ce Dioceſe, aux Arreſts de la Cour de Parlement, & notamment à ceux rendus les 28. Avril 1673. & 16. Janvier de la preſente année, pour eſtre reglez ſur les Honoraires qu'ils ont coûtume de prendre aux Mariages & Enterremens: Et comme il eſt de noſtre vigilance Pastorale de prévenir toutes ces contestations, qui ne feroient que scandaliser les Peuples, & leur donner lieu de diminuer l'estime & le respect qu'ils doivent au ministere sacré des saints Autels, Nous avons par ces Presentes reglé lesdits Honoraires que les Curez & les autres Ecclesiastiques de la même Ville pourront legitimement percevoir, suivant le Memoire inseré cy-aprés, sans neanmoins vouloir empêcher la liberalité des riches, à la discretion desquels, ou de leurs heritiers, les Curez se rapporteront, ny forcer l'indigence des Pauvres, que nous sçavons, & que nous voulons encore plus que jamais estre charitablement traitez par les Curez.

TAXE POUR L'HONORAIRE DES Curez & des Ecclesiastiques de la Ville & Faux-bourgs de Paris.

MARIAGES.

POUR la publication des Bans, trente sols, 1 l. 10 s.
Les Fiançailles, quarante sols, 2 l.
La celebration du Mariage, six liv. 6 l.
Le Certificat de la publication des Bans & la permission que l'on donne au futur Epoux, d'aller se marier dans la Paroisse de la future Epouse, cinq liv. 5 l.
L'Honoraire de la Messe du Mariage, trente sols, 30 s.
Pour le Vicaire, trente sols, 30 s.
Pour le Clec des Sacremens, vingt sols, 20 s.
La Benediction du lit, tant pour celuy qui la fait, que pour celuy qui l'assiste, trente sols, 30 s.

CONVOIS.

Les Convois des petits corps au dessous de sept ans, lors qu'on ne va point en corps de Clergé.

POUR le Curé, trente sols, 30 s.
Pour chaque Prestre, dix sols, 10 s.

Lors qu'on ira en Clergé.

Pour le droit Curial, quatre liv. 4 l.
Pour la presence du Curé, quarante sols, 2 s.
Pour chaque Prestre, dix sols, 10 s.
Pour le Vicaire, vingt sols, 1 l.
A chaque Enfant de chœur lors qu'ils portent le corps, huit sols, 8 s.
Et lors qu'ils ne portent point le corps, cinq sols, 5 s.
Pour les corps au dessus de sept ans jusqu'à douze, sera payé pareille retribution que pour les Enfans de l'âge cy-dessus marqué, lors que l'inhumation s'en fait avec le Clergé.

Pour le Convoy d'un grand corps au dessus de l'âge cy-dessus marqué.

Pour le droit Curial, six livres, 6 l.
Pour l'assistance du Curé, quatre livres, 4 l.
Pour le Vicaire, quarante sols, 2 l.
Pour chaque Prestre, vingt sols, 1 l.
Pour chaque Enfant de chœur, dix sols, 10 s.
Pour les Prestres qui veillent le corps pendant la nuit, à chacun trois livres, 3 l.
Pour ceux qui veillent le jour, à chacun quarante sols, 2 l.
Pour la celebration de la Messe, vingt sols, 1 l.
Pour le Service extraordinaire, appellé Service Complet, c'est-à-dire les Vigiles, & les deux Messes du saint-Esprit & de la sainte Vierge,

quatre livres dix ſols, 4 l. 10 ſ.

Pour les Preſtres qui portent le corps, à chacun vingt ſols, 1 l.

Pour le port de la haute Croix, dix ſols, 10 ſ.

Pour le porte Benitier, cinq ſols, 5 ſ.

Pour le port de la petite Croix, cinq ſols, 5 ſ.

Pour le Clerc des Convois, vingt ſols, 1 l.

Pour les tranſports des Corps d'une Egliſe à une autre, en Chœur & Clergé, ſera payé moitié plus des droits cy-deſſus marquez.

Pour la reception des Corps tranſportez.

Au Curé, ſix livres, 6 l.

Au Vicaire, trente ſols, 30 ſ.

A chaque Preſtre, quinze ſols, 15 ſ.

Pour l'ouverture de terre dans les Egliſes où les Curez ont part, on ſuivra la coûtume locale, ou les Reglemens faits ſur ce ſujet, approuvez & autoriſez par Nous.

Voulons que le preſent Reglement ſoit à la diligence de noſtre Promoteur, enregiſtré en noſtre Cour d'Egliſe, pour y eſtre executé ſelon ſa forme & teneur. Donné à Paris en noſtre Palais Archiepiſcopal, le trentiéme jour de May mil ſix cens quatre-vingt-treize. Signé, FRANÇOIS, Archevêque de Paris; Et plus bas, Par Monſeigneur, WILBAULT. Et ſcellé du ſceau de ſes Armes; icelluy Etat attaché à ladite Requeſte, Signé, LEMIRE, Procureur. Conclusions du Procureur General du Roy: Oüy le Raport de M. Nicolas de Quelain, Conſeiller. Tout conſideré. LA COUR a Omologué & Omologue ledit Reglement fait par l'Archevêque de Paris, pour l'Honoraire des Curez & autres Eccleſiaſtiques de cette Ville, le 30. May dernier; Ordonne qu'il ſera executé ſelon ſa forme & teneur. FAIT en Parlement le dixiéme jour de Juin mil ſix cens quatre-vingt-treze, Signé, DONGOIS.

TARIF DES DROITS ET VACATIONS attribuez aux Jurez Crieurs, du 5. Janvier 1671. & confirmez par Edit du mois de Janvier 1690.

PREMIEREMENT.

POur chacune aulne de Serge, ou Drap blanc ou noir, par chacun jour qu'ils serviront aux Tentures des Funerailles, qui se feront, tant aux Eglises qu'aux Maisons, en cette Ville de Paris, trois sols, 3 s.

Pour chaque Robbe par jour, 4 s.

Pour chacune aulne de Velours par jour, 8 s.

Pour un Daix de Charpenterie (sous lequel reposera le Corps d'un Défunt) dans une Court (compris le port & rapport, avec la peine du Menuisier qui le dressera) la somme de 12 l.

Pour un grand Carré en façon de Chapelle ardente, garny de ses Croizillons & Pyramides qui se dressent dans les Eglises (compris le port & rapport d'icceluy) 20 l.

Pour un moyen Carré, 12 l.

Pour un petit Carré simple, 4 l.

Pour un Pot & Tasse d'argent, avec les Servietes servans a presenter l'Offrande, 30 s.

Pour chacun Carreau de Velours noir, 1 l.

Pour chucun Carreau de Serge, 10 s.

Pour chacun Manteau de Deüil, 10 s.

Pour chacun Plaques qui se mettent dans les Salles, 10 s.

Pour un Parement de Velours noir ou Damas blanc, qui se met au logis d'une personne decedée, à la Tête du Corps, en forme d'Autel, aussi par chacun jour trois livres, 3 l.

Pour un Poësle de Velours noir, ou Damas blanc, qui poſe ſur les Cerciieils, 6 l.

Pour chacun Chandelier d'argent, 1 l.

Et s'il eſt de vermeil doré, 30 l.

Pour chacun Crieur qui aſſiſtera à un Convoy avec ſa Robe & Sonnette, pour icelуy conduire du Logis à la Paroiſſe, 3 l. 4 ſ.

Et s'il y a tranſport du Corps en une autre Egliſe pour y eſtre inhumé, 4 l. 10 ſ.

Pour la Vacation du Crieur qui aura la principale charge d'un Convoy, Service ou bout de l'an, il ſera payé ſelon la peine qu'il aura.

Pour un Fauteüil, par jour, 1 l.

Pour un Chaize, par jour, 15 ſ.

Pour un Siege pliant, 10 ſ.

Pour une Eſtrade ſimple, 12 l.

Pour une double Eſtrade, 24 l.

Pour la Credence, 3 l.

Pour la vacation de l'Homme qui portera les Billets, par chacun jour, 30 ſ.

Pour chacun cent deſdits Billets qui auront ſervi à la Semonce des Obſéques & Convois ; Pour ceux qui ſeront en petit papier, 40 ſ.

Pour ceux qui ſeront en moyen papier, 50 ſ.

Et pour les autres Billets qui auront eſté faits en grand papier, 3 l.

Fait & arreſté au Bureau de la Ville, le cinquiéme jour de Janvier mil ſix cens ſoixante-onze. Signé, LANGLOIS.

EDIT DU ROY.

Portant établissement dans toutes les Villes du Royaume, de Contrôlleurs d'Actes des Notaires & Tabellions Royaux, Notaires Apostoliques, & ceux des Seigneurs, tant Seculiers que Reguliers.

Du mois de Mars 1693.

LOUIS par la grace de Dieu, Roy de France & de Navarre : A tous presens & à venir, Salut. Il est important pour le repos des familles que les Contracts & les Titres qui établissent la proprieté de leurs biens, ne puissent recevoir d'atteinte dans la suite des temps par des doutes ou contestations, ou par des suppositions & des antidates : & l'on ne sçauroit les rendre trop authentiques en se servant des moyens capables de s'asseurer entierement de la fidelité des personnes qui les passent. Entre tous ceux qui ont esté recherchez & prescrits, il ne s'en est point trouvé de si certain & si facile, que la création du Controlle des Titres ordonné par Edit du Roy Henry III. du mois de Juin 1581. lequel n'ayant eu son execution que dans nostre Province de Normandie, en consequence d'un autre Edit de Henry le Grand du mois de Juin 1606. cet établissement y a esté trouvé si utile, qu'il y a toûjours esté depuis consideré comme un des principaux usages de cette Province. Et comme il y a plusieurs Actes que l'usage y a dispensez du Contrôlle, quoy-que ledit Contrôlle n'ait d'autre effet que d'asseurer la priorité d'hypotheque, sans estre necessaire pour la translation de proprieté, execution & validité des Actes, Nous avons resolu d'y assujettir indistinctement & necessairement toutes sortes d'Actes qui seront passez à l'avenir, sans quoy ils ne pourront avoir aucun effet, & d'établir aussi le même ordre dans le reste de nostre Royaume. A CES CAUSES, & autres à ce nous mouvans, & de nostre certaine science. pleine puissance & autorité Royale, Nous avons par le present Edit perpetuel & irrevocable, dit & declaré, disons & declarons, voulons & nous plaist, Qu'à commencer au premier jour de May prochain, tous les Actes qui seront receus & passez par nos Conseillers Notaires au Chastelet de Paris, & en la ville de Lyon, & par les autres Notaires & Tabellions Royaux, Notaires Apostoliques, ceux des Seigneurs, tant reguliers que seculiers, & Greffiers des Arbitrages desdites Villes & lieux, dans toute l'etenduë de nostre Royaume, Païs, Terres & Seigneuries de nostre obeïssance, soient registrez dans le Bureau le plus proche du lieu où l'Acte sera passé, à la diligence des Notaires qui les auront receus, quinze jours au plus tard aprés la datte d'iceux; & pour cet effet, voulons & nous plaist, qu'il soit incessamment établi des Bureaux dans toutes les Villes de nostre Royaume où il y a Parlement, Chambre des Comptes, Cour des Aydes, & autres Chambres & Cours Superieures, Bureaux des Finances, Presidiaux, Bailliages, Chancelleries, Sénéchaussées, Prevostez, Vicomtez, Vigueries, Mairies, Elections, Greniers à Sel, & autres Sieges & Jurisdictions Royales: Comme aussi, en celles des Duchez, Pairies & autres Justices ressortissant nuëment en nos Cours, & par tout ailleurs où besoin sera; en chacun desquels Bureaux il y aura un Controlleur établi par Nous, ou par celuy que nous choisirons à cet effet, ou plus grand nombre s'il est necessaire, lequel prestera serment pardevant le premier Juge du lieu de son établissement, & tiendra un registre cotté & paraphé en chaque feüillet par ledit Juge, à la premiere requisition qui luy en sera faite, auquel sera payé pour chacun registre de cinquante feüillets & au dessus, quinze sols; de cent feüillets, trente sols, & pour les autres à quelque nombre qu'il puisse monter, quarante sols; sur lesquels Registres tous les Actes seront enregistrez par extrait, contenant seulement le nom des Parties contractantes, la qualité de l'Acte, la datte, le nom & la demeure du Notaire qui l'aura receu, le nombre des feüillets desdits Actes, qui seront paraphez par premier & dernier par ledit Controlleur. Desquels enregistremens ou controlles, mention sera faite par les Notaires sur les grosses & expeditions qui seront par eux délivrées. N'entendons neanmoins empêcher les Notaires de délivrer les Actes aux Parties sans en garder des minutes lors qu'ils en seront requis, pourveu toutefois qu'ils les ayent auparavant fait controller & enregistrer. Voulons que lesdits enregistremens ou controlles qui seront mis sur lesdits Actes par lesdits Controlleurs, soient signez d'eux, & qu'ils y fassent mention de la page de leurs registres, & du numero de l'article où lesdits Actes auront esté enregistrez; & lors qu'ils auront plusieurs Registres, ils feront aussi mention du volume. Faisons tres-expresses inhibitions & défenses ausdits Notaires & Tabellions & autres cy-dessus nommez, de recevoir ou passer aucuns Actes, de quelque nature, titre & qualité qu'ils puissent estre, sans les faire enregistrer & controller dans ledit temps de quinzaine, à peine de deux cens livres d'amende pour chacune contravention contre le Notaire, & de pareille amende contre la Partie qui s'en servira, & à toutes nos Cours & Juges, & à ceux des Seigneurs d'y avoir aucun égard, & à tous Huissiers & Sergens de les mettre à execution sous pareilles peines contre lesdits Huissiers & Sergens, lesquelles ne pourront estre reputées comminatoires, remises ni moderées sous quelque pretexte que ce soit. Declarons que les Particuliers ne pourront en vertu d'Actes non controllez, acquerir aucun privilege, hypotheque, proprieté, décharge, ni aucun autre droit, action, exception, ni exemption, dérogeant à cet effet à toutes Coûtumes, Ordonnances, Edits, Declarations, Arrests, Reglemens & Usages à ce contraires, sans préjudicier aux formalitez des insinuations, publications & enregistremens, appropriances, main assises, nantissemens, saisines & autres requises par nos Ordonnances, & par les differentes Coûtumes des Provinces de nostre Royaume, ausquelles nous n'entendons qu'il soit rien innové, & que nous ne voulons toutefois estre observées qu'aprés que l'enregistrement sera fait desdits Actes aux Controlles qui seront établis en execution du present Edit. Exceptons neanmoins de la rigueur desdits enregistrement tous les Testamens & donations pour cause de mort, qui demeureront déposez soit entre les mains des Notaires, ou en celles des Particuliers, qu'il sera loisible aux Parties de retirer quand bon leur semblera; desquels les Notaires ne pourront délivrer aucunes expeditions aprés le decés des Testateurs, qu'ils n'ayent auparavant fait controller les minutes en la maniere cy-dessus. Et en cas que lesdites minutes ne leur ayent pas esté remises aprés le decés desdits Testateurs, lesdits Testamens ne pourront avoir aucune execution, qu'ils n'ayent esté controllé, comme dit est. Exceptons pareillement les contre-lettres qui seront passées sur toutes sortes d'Actes, lesquelles en aucun cas ne seront sujettes au controlle. Faisons défenses sous mêmes peines, & de plus grandes si le cas y écheoit, ausdits Controlleurs de laisser aucuns blancs sur leursdits Registres, d'en donner communication, ni de délivrer aucuns extraits, que le tout n'ait esté auparavant ordonné en Justice. Voulons que ceux qui ſeront commis à l'exercice deſdits Controlles, joüiſſent de tous les privileges & exemptions dont joüiſſens les autres Commis employez pour la regie de nos Fermes. Défendons aux Maires & Echevins des Villes, & à tous autres de les troubler dans leſdits privileges & exemptions. Voulons auſſi & nous plaît, qu'il ſoit payé pour le controlle deſdits Actes les droits portez par le Tarif d'iceux, que nous en avons fait arreſter en noſtre Conſeil, & attacher ſous le contre-ſcel de noſtre preſent Edit. Faiſons déſenſes auſdits Controlleurs d'exiger plus grands droits, à peine de concuſſion & de reſtitution du quatruple. Et dautant que la création deſdits Controlles portez par le preſent Edit, doit avoir lieu & s'exercer en la Province de Normandie comme par tout ailleurs, ſuivant les diſpoſitions ci-deſſus, nonobſtant l'établiſſement qui y a eſté ci-devant fait des Controlleurs des Titres, que nous avons par le preſent éteinrs & ſupprimez. Ordonnons que les Engagiſtes d'iceux ſeront tenus de rapporter leurs Titres, Contracts & Quittances de Finance, pardevant le Sieur de Pontchartrain, Controlleur General de nos Finances, pour eſtre procedé à la liquidation de leur Finance, & pourveu à leur rembourſement. Et en attendant que la liquidation & rembourſement de leur Finauce en ſoit faite, Nous voulons qu'ils joüiſſent des anciens droits, qui leur ſeront payez par ceux que nous commettrons pour faire les fonctions de Controlleurs dans ladite Province, ſur le pied des trois dernieres années des Baux qu'ils en rapporteront en bonne & deuë forme, dont il ſera fait une commune. Et pour ceux qui regiront par leurs mains, ils ſeront payez des droits qui pourroient leur revenir de bon, déduction faite des frais de regie, ſuivant les regiſtres qu'ils ont tenus les trois dernieres années. SI donnons en mandement à nos amez & feaux Conſeillers, les Gens tenans noſtre Cour de Parlement à Paris, que noſtre preſent Edit ils faſſent lire, publier & enregiſtrer, & le contenu en iceluy garder & obſerver de point en point, ſelon ſa forme & teneur, ceſſant & faiſant ceſſer tous troubles & empêchemens qui pourroient eſtre mis ou donnez, nonobſtant tous Edits, Declarations, Coûtumes & autres choſes à ce contraires, auſquels nous avons dérogé & dérogeons par ces Preſentes, aux copies deſquelles collationnées par l'un de nos amez & feaux Conſeillers & Secretaires, Voulons que foy ſoit ajoûtée comme à l'Original : Car tel eſt noſtre plaiſir. Et afin que ce ſoit choſe ferme & ſtable à toûjours, Nous y avons fait mettre noſtre Scel. DONNE' à Verſailles au mois de Mars, l'an de grace mil ſix cens quatre-vingt-treize, & de noſtre Regne le cinquantiéme. Signé, LOUIS. *Et plus bas*, Par le Roy, PHELYPEAUX. Et ſcellé.

Regiſtrées à Paris en Parlement, le dixiéme Avril mil ſix cens quatre-vingt treize. Signé, DU TILLET.

Tous les Contrats de Mariages, Quittances de Dot, & décharges données en conſequence, ſeront paſſées devant Notaires, à peine de privation des privileges & hypoteques; défenſes à toutes perſonnes autres que les Notaires & Tabellions d'en recevoir, à peine d'interdiction contre les Juges, & de deux cens livres d'amende contre les autres.

ARREST DU CONSEIL
D'ESTAT DU ROY,
Du seiziéme Decembre 1698.

Portant Reglement pour les Droits de Controlle des Contrats de Mariage & Donations.

Extrait des Registres du Conseil d'Estat.

LE ROY estant informé qu'il survient journellement des contestations entre les Notaires & Tabellions, & les Commis preposez à la perception des Droits du Controlle des Contrats & Actes des Notaires, notamment pour raison du droit de Controlle des Contrats de Mariage, sous prétexte des dons & avantages faits par lesdits Contrats, lesquels Sa Majesté voulant faire cesser, Elle se seroit fait representer en son Conseil l'Edit d'établissement desdits droits, du mois de Mars 1693. les Declarations de Sa Majesté des 20 Avril 1694. & 19. Mars 1696. autre Edit dudit mois de Mars 1696. les Arrests du Conseil rendus en execution desdits Edits, les 17. Mars audit an 1696. 26. Mars 1697. & 28. Octobre 1698. les Memoires presentez au Conseil par les Notaires du Bailliage de Chartres, & autres; les Réponses de M. Estienne Chaplet Fermier General desdits droits de Controlle : Oüy le Rapport du Sieur Phelypeaux de Pontchartrain, Conseiller Ordinaire au Conseil Royal, Controlleur General des Finances. SA MAJESTE' EN SON CONSEIL, a ordonné & ordonne, conformément ausdits Edits, Declarations

Declarations & Arrests, que tous les Contrats de Mariage de quelque qualité qu'ils soient, les Quittances de dot & décharge données en execution d'iceux, seront passez pardevant Notaires, à peine de privation des privileges & hypoteques, conformément & sur les peines portées par l'Article VIII. de ladite Declaration du 19. Mars 1696. Et que les droits de Contrôlle desdits Contrats seront payez ; Sçavoir, par les Artisans, simples Laboureurs, Manouvriers, & gens sans aveu, titre, qualité ny Office, qui declareront par les Contrats de Mariage qu'ils n'ont aucun bien en fond, ny autres effets au dessus de la valeur de cent livres, dix sols seulement ; desquelles declarations les Notaires seront tenus de faire mention dans lesdits Contrats : Et en cas de fausse declaration, ceux qui les auront faite seront condamnez & contraints solidairement en deux cens livres d'amende : Ordonne en outre Sa Majesté que les Contrats de Mariage par lesquels les Contractans se prendront avec leurs droits, sans aucune désignation de sommes, il sera payé six livres pour droit de Contrôlle ; & pour ceux dans lesquels il sera stipulé cinq cens livres & au dessous, dix sols ; ceux depuis cinq cens livres jusques à mil livres, vingt sols; depuis mil livres jusques à cinq mil livres, quarante sols ; depuis cinq mil livres jusques à dix mil livres, trois livres ; & depuis dix mil livres jusques à vingt-sept mil livres, il sera payé à raison de vingt sols pour mil livres, outre lesdites trois livres fixez jusque à dix mil livres ; en sorte qu'il sera payé vingt livres pour lesdits vingt-sept mil livres, sans qu'il puissent estre payé plus grands droits audit Chaplet, à quelque somme que ledit Contrat puisse monter, conformément à l'Article XII. de la Declaration dudit jour 20. Avril 1694. & si les biens de l'un des Contractans sont fixez & declarez, & que ceux de l'autre ne le soient pas, Sa Majesté ordonne que ceux qui ne seront pas declarez seront fixez, & le droit de Contrôlle payé sur le même pied de la fixation des biens de l'autre : Ordonne en outre Sa Majesté, que si par aucun desdits Contrats de Mariage, il est fait des donnations par des freres, sœurs, oncles, cousins, ou autres personnes, que le droit de Contrôlle sera payé pour un droit seulement au plus fort, sur le pied des sommes ou biens fixez par lesdits Contrats, tant pour dot que donnations, sans neanmoins qu'il puisse estre pris deux droits, ny que pour les donnations qui seront faites par avancement d'hoirie ou autrement par les pere & mere à leurs enfans par lesdits Contrats de Mariage, il puisse estre pris ny exigé aucuns droits, ny de plus grands que ceux cy-dessus fixez, qui en ce cas ne pourront estre pris sur le pied des donnations, mais sur celuy des Contrats ; & seront au surplus lesdites Declarations, Tarif & Arrest executez. Enjoint Sa Majesté aux Sieurs Commissaires départis dans les Provinces & Generalitez, de tenir chacun à leur égard la main à l'execution du present Arrest, lequel sera executé nonobstant oppositions, appellations ou èmpêchemens quelconques, & sans préjudice d'icelles ; & dont si aucuns interviennent, Sa Majesté s'en est & à son Conseil reservé la connoissance, & icelle interdite à toutes ses autres Cours & Juges. FAIT au Conseil d'Etat du Roy, tenu à Versailles le seiziéme jour de Decembre mil six cens quatre-vingt dix-huit. Collationné. Signé, DE LAISTRE.

EDIT DU ROY,

Donné à Marly au mois d'Aoust 1706.

Portant supression de tous les droits qui se sont perçûs jusqu'à present pour le scel des Contrats & Actes des Notaires dans toute l'étenduë du Royaume &c. Et rétablissement des droits de Contrôlle des Contrats & Actes de tous les Notaires & Tabellions Royaux, Notaires Apostolique, & Notaires & Tabellions des Seigneurs, dans l'étenduë des Generalité de Tours, Province de Dauphiné, Villes de Toul & de Lyon; lesquels droits seront perçûs à l'avenir de même que dans toutes les autres Provinces & Generalitez du Royaume, à commencer du premier Octobre prochain, suivant & conformément au nouveau Tarif desdits droits arresté au Conseil, & cy-joint.

Registré en Parlement.

LOUIS par la grace de Dieu, Roy de France & de Navarre : A tous Presens & à venir, Salut. Nous avons par nostre Edit du mois de Novembre *1696.* crée entre autres choses des Offices de Gardes scels des Contrats & Actes des Notaires, ausquels Nous aurions attribué des droits portez par les Tarifs qui en ont esté arrestez en nostre Conseil, que

Nous avons ensuite réünis à nos Fermes pour estre perçûs avec le Controlle desdits Contrats & Actes des Notaires. Depuis Nous avons esté informez que la perception de ces droits de petits Scels des Contrats & Actes des Notaires (bien qu'elle ne soit que d'une mediocre consequence) fatigue extrémement les Notaires & les Parties contractantes par l'obligation où ils se trouvent de porter leurs Actes dans differens Bureaux pour y estre controllez & scellez : c'est pourquoy Nous avons estimé devoir y remedier, & Nous avons crû ne le pouvoir mieux faire qu'en supprimant entierement les droits qui se payent pour le Scel des Contrats & Actes desdits Notaires. Et comme Nous avons aussi esté informez que l'affranchissement queNous avions accordé à nosProvinces & Generalité de Tours & Dauphiné, & à la Ville de Toul, desdits droits deContrôlle,porte un préjudice considerable aux Notaires des Province voisines,par la liberté que les Habitans d'icelles ont d'aller passer leurs Actes dans lesdites Generalité & Province de Tours & Dauphiné, & dans ladite Ville de Toul, pour éviter le payement desdits droits de Contrôlle, & souvent pour oster à leurs familles la connoissance des dispositions qu'ils font, qui peuvent estre contraires aux Loix & Coûtumes desdites Provinces, ce qui d'une part donne souvent occasion à differens Procés & contestations ruïneuses à nos Sujets, & de l'autre fait un tort considerable à la perception des droits des Contrôlles desdits Contrats & Actes dans les Païs limitrophes de nosdites Generalité de Tours, Province de Dauphiné & Ville de Toul ; Nous avons jugé à propos d'y rétablir ledit Contrôlle pour en rendre l'établissement & la perception uniforme dans tout nostre Royaume, & de reformer en même temps le Tarif des droits cy-devant reglez pour ledit Contrôlle, pour le rendre plus intelligible, & lever plusieurs difficultez que l'explication de quelques Articles dudit Tarif ont fait naiſtre. A CES CAUSES, & autres à ce Nous mouvans, de nôtre certaine ſcience, pleine puiſſance & autorité Royale, nous avons par noſtre preſent Edit perpetuel & irrevocable, éteint & ſupprimé, éteignons & ſupprimons tous les droits qui ſe ſont perçûs juſqu'à preſent pour le Scel des Contrats & Actes des Notaires dans toute l'étenduë de noſtre Royaume, Païs, Terres & Seigneuries de noſtre Obéïſſance. Faiſons deffenſes de percevoir leſdits droits qui ne pourront à l'avenir eſtre rétablis pour quelque cauſe & ſous quelque pretexte que ce puiſſe eſtre.

Et du même pouvoir & autorité que deſſus, nous avons rétably & rétabliſſons les droits de Contrôlle des Contrats & Actes de tous les Notaires & Tabellions Royaux, Notaires Apoſtoliques, & Notaires & Tabellions des Seigneurs, dans l'étenduë de nos Generalité de Tours, Province de Dauphiné & Ville de Toul. Voulons qu'ils y ſoient perçûs à l'avenir, à commencer du premier Octobre prochain, de même que dans toutes les autres Provinces & Generalitez de noſtre Royaume.

Et afin de faciliter au public & à noſtre Fermier deſdits droits le payement & la perception d'iceux, Nous voulons & entendons qu'ils ſoient à l'avenir & à commencer du premier Octobre prochain payez ſuivant & conformément au nouveau Tarif deſdits droits que Nous en avons fait arreſter en noſtre Conſeil, & attaché ſous le contre-ſcel de noſtre preſent Edit, ſans qu'aucuns des Notaires & Tabellions Royaux, Notaires Apoſtoliques, Notaires & Tabellions des Seigneurs Amands ou autres, qui paſſent ou reçoivent des Actes comme Notaires, puiſſent ſe diſpenſer du Controlle de leurs Actes dans les temps preſcrits par nos precedens Edits & Declarations, & ſous les peines y portées, leſquels Nous avons confirmez par noſtredit Edit.

Voulons que l'abonnement du Contrôlle des Notaires de la Ville de Lyon, soit & demeure éteint & supprimé à commencer du premier Octobre prochain, & les Notaires tenus de faire controller leurs Contrats & Actes dans les temps & sous les peines portées par les Edits, Declarations, Arrests & Reglemens, & suivant le nouveau Tarif arresté en nostre Conseil, de même que tous les autres Notaires du Royaume.

N'entendons rien changer ni innover par nostre present Edit à nos Edits, Declarations, Arrests & Reglemens, par lesquels Nous avons ordonné la perception des droits de petit Scel des Actes judiciaires, que nous voulons & entendons estre executez selon leur forme & teneur, en ce qui ne sera point contraire à la suppression portée par nostredit Edit.

Si donnons en mandement à nos amez & feaux Conseillers les Gens tenans nostre Cour de Parlement, Chambre des Comptes & Cour des Aydes à Paris, que nostre present Edit ils fassent lire, publier & registrer, même en temps de Vacations, & le contenu en iceluy suivre, garder & observer selon sa forme & teneur, cessant faisant cesser tous troubles & empêchemens qui pourroient estre mis ou donnez, nonobstant tous Edits, Declarations, Arrests & Reglemens à ce contraires, ausquels Nous avons dérogé & dérogeons par nostre present Edit, aux Copies duquel collationnées par l'un de nos amez & feaux Conseillers-Secretaires, voulons que foy soit ajoûtée comme à l'Original : CAR tel est nostre plaisir. Et afin que ce soit chose ferme & stable à toûjours, nous y avons fait mettre nostre Scel. Donné à Marly au mois d'Aoust l'an de grace mil sept cens six, & de nostre Regne le soixante-quatriéme. Signé, LOUIS. Et plus bas ; Par le Roy, PHELYPEAUX. Visa, PHELYPEAUX. Veu au Conseil, CHAMILLART. Et scellé du grand Sceau de cire verte, en lacs de ſoye rouge & verte.

Regiſtré, à Paris en Parlement en Vacations, le dix-huit Septembre 1706. Signé, DU TILLET.

NOUVEAU TARIF

DES DROITS QUE LE ROY EN ſon Conſeil, veut & ordonne eſtre payez à l'avenir, à commencer au premier Octobre prochain, pour le Controlle des Contrats & autres Actes qui ſe paſſent pardevant Notaires, tant Royaux que Seigneuriaux, & autres qui ont droit d'inſtrumenter comme Notaires, en execution de l'Edit du preſent mois.

ARTICLE PREMIER.

ADJUDICATION des Biens en direction, où les ſommes & valeur des Biens ſont deſignées :

Juſqu'à 100 livres, quinze ſols, cy	15 ſ.
De 100 à 200 liv. une liv. dix ſols, cy	1 l. 10 ſ.
De 200 à 400 liv. une livre quinze ſols, cy	1 l. 15 ſ.
De 400 à 500 liv. deux livres, cy	2 l.
De 500 à 1000 liv. trois livres dix ſols, cy	3 l. 10 ſ.
De 1000 à 1500 liv. quatre liv. dix ſols, cy	4 l. 10 ſ.
De 15000 à 2000 liv. cinq livres, cy	5 l.
De 2000 à 2500 liv. ſix livres, cy	6 l.
De 2500. à 3000 liv. ſept livres, cy	7 l.
De 3000 à 4000 liv. huit livres, cy	8 l.
De 4000 à 5000 liv. neuf livres, cy	9 l.
De 5000 à 6000 liv. dix livres, cy	10 l.

De 6000 à 7000 liv. onze livres, cy 11 l.
De 7000 à 8000 liv. douze livres, cy 12 l.
De 8000 liv. & au dessus, dix-sept livres, cy 17 l.

II. Adjudication des biens en direction, lorsque le prix ne sera pas designé ni estimé, dix-sept livres, cy 17 l.

III. Achat où les sommes seront designées, les droits seront payez à proportion des sommes & sur le même pied qu'au premier Article & suivans, cy-aprés.

IV. Achat où les sommes ne seront pas designées, dix-sept livres, cy 17 l.

V. Abandonnement ou cession volontaire de biens au profit de Créanciers, huit livres, cy 8 l.

VI. Attestations, seize sols, cy 16 s.

VII. Aveu & dénombrement pour raison d'une Terre, Fief ou Seigneurie, ayant haute, moyenne & basse Justice, six livres, cy 6 l.

VIII. Ayant droit de basse Justice seulement, trois livres, cy 3 l.

IX. A cause d'un bordage, closerie, Métairie ou autres lieux composez, ayant simple droit de Fief ou seulement tenu à foy & hommage sans Justice, une livre, cy 1 l.

X. A cause d'une piece ou deux pieces de terres hommagées ou nobles, onze sols, cy 11 s.

XI. Acte d'acceptation d'un Benefice ou Dignité Ecclesiastique, cinq livres, cy 5 l.

XII. Acte de Vesture, Noviciat & Profession dans les Monastere, excepté les Mendians, trois livres dix sols, cy 3 l. 10 s.

XIII. Acte de refus d'ouvrir les portes pour prendre possession en Matiere Beneficiale, une livre, cy 1 l.

XIV. Baux d'heritages à rente fonciere & perpetuelle où les sommes designées, ou les revenus évaluez, les droits seront payez à proportion & sur le même pied que cy-dessus Article premier, à raison du capital au denier vingt de ladite rente.

XV. Baux d'heritages à rente fonciere & perpetuelle où les ſommes ne ſeront pas déſignées, ſera payé dix-ſept livres, cy 17 l.

XVI. Baux à loyer ou titre de Ferme & tous autres juſqu'à neuf années ſeulement, ſera payé pour les droits ſur le pied d'une année du loyer ſans avoir égard aux charges & redevances des biens; ſçavoir,

Juſqu'à 50 liv. de Ferme ou loyer, quinze ſols, cy 15 ſ.

De 50 à 100 liv. une livre, cy 1 l.

De 100 à 300 liv. une livre quinze ſols, cy 1 l. 15 ſ.

De 300 à 500 liv, trois livres, cy 3 l.

De 500 à 600 liv. trois livres dix ſols, cy 3 l. 10 ſ.

De 600 à 800 liv. quatre livres, cy 4 l.

De 800 à 1000 liv. quatre livres dix ſols, cy 4 l. 10 ſ.

De 1000 à 1500 liv. cinq livres, cy 5 l.

De 1500. à 2000. liv. ſix livres, cy 6 l.

De 2000 à 3000 liv. ſept livres, cy 7 l.

De 3000 à 4000 liv. dix livres, cy 10 l.

De 4000 liv. & au deſſus, douze livres, cy 12 l.

XVII. Les mêmes droits ſeront payez pour les ſous-baux, tranſports, ceſſions, retroceſſions & ſubrogations deſdits Baux, quand ce ſera par Acte particulier.

XVIII. Baux amphiteotiques, à vie & autres au deſſus de neuf années, ſera payé le double des droits cy-deſſus, à proportion du prix annuel deſdits Baux.

XIX. Les mêmes droits ſeront payez pour les ſous-baux, tranſports, ceſſions, retroceſſions & ſubrogations deſdits Baux, quand ce ſera par Acte particulier.

XX. Baux à moitié ou par tiers, ou ceux faits moyennant certaines eſpeces, les droits ſeront payez ſur le pied du dernier Bail ou de l'eſtimation qui en ſera faite à l'amiable entre les Parties.

XXI. Baux achetels de Bestiaux à croist ou décroist, les droits seront payez comme dessus, suivant l'estimation qui en sera faite par le Bail ou par Expert, dont les Parties conviendront.

XXII. Brevets d'Aprentissage és Villes où il y a Parlement & autres Cours Superieures, une liv. cy 1 l.

XXIII. Brevets d'Aprentissage pour les autres Lieux, onze sols, cy 11 s.

XXIV. Baux des revenus des biens dépendans des Benefices d'Eglises, Commanderies, Hôpitaux, Universitez, Colleges, Fabriques, Confreries & autres Gens de maison morte & Communautez Seculieres & Regulieres, seront passez devant Notaires, & controllez, à peine de nullité & de deux cens livres d'amende, & sera payé sur le pied des Baux à loyer ou titre de Ferme, ainsi qu'ils sont ci-dessus reglez.

XXV. Baux ou Adjudications de biens & revenus communs & patrimoniaux & d'Octrois des Villes & Communautez Seculieres & Regulieres, lesquels se font par les Magistrats & autres Officiers des Villes par déliberations, ou qui sont reçûs par les Secretaires & Greffiers desdites Villes ou autrement, seront controllez dans la quinzaine, & les droits payez sur le même pied qu'à l'Article precedent.

XXVI. Les mêmes droits seront payez pour les sous-baux, transports, cessions, retrocessions & subrogations desdits Baux, quand ce sera par Acte particulier.

XXVII. Constitution de Rente en argent ou en especes, où les sommes seront désignées & évaluées, les droits seront payez sur le pied du capital & à proportion, suivant qu'ils sont reglez par le premier Article du present Tarif.

XXVIII. Constitutions de Rente en argent ou en especes, où les sommes ne seront désignées ni évaluées, dix-sept livres, cy 17 l.

XXIX. Cautionnement pur & simple par Acte

particulier pour quelque cauſe que ce ſoit, excepté les deux cas cy-aprés, deux livres, cy 2. l.

XXX. Cautionnement pour un domeſtique, onze ſols, cy 11 ſ.

XXXI. Cautionnement pur & ſimple par Acte particulier pour des Officiers en Titre, ou pour des Commis qui ont maniement de deniers, cinq livres, cy 5 l.

XXXII. A l'égard des Cautionnemens qui ſeront faits par les mêmes Contrats, Obligations & autres Actes de quelque nature qu'ils puiſſent eſtre, pour raiſons deſquels ils ſeront faits, les droits en ſeront payez comme pour les Contrats.

XXXIII. Conſtitutions de Penſions où les ſommes ſeront déſignées, les droits ſeront payez à proportion :

SÇAVOIR,

Juſqu'à 100. liv. quinze ſols, cy 15 ſ.
De 100 à 200 liv. une livre dix ſols, cy 1 l. 10 ſ.
De 200 à 300 liv. une livre quinze ſols, cy 1 l. 15 ſ.
De 300 à 400 liv. deux livres, cy 2 l.
De 400 à 500 liv. trois livres dix ſols, cy 3 l. 10 ſ.
De 5000 à 1000 liv. quatre livres, cy 4 l.
De 1000 à 1500 liv. cinq livres, cy 5 l.
De 1500 à 2000 liv. ſix livres, cy 6 l.
De 2000 à 3000 liv. ſept livres, cy 7 l.
De 3000 à 4000 liv. huit livres, cy 8 l.
De 4000 à 5000 liv. dix livres, cy 10 l.
De 5000 liv. & au deſſus, vingt-deux livres, cy 22 l.

XXXIV. Conſtitution de Titre Clerical ou Sacerdotal faite par l'aſpirant à l'Etat Eccleſiaſtique ſur ſes biens propres :

Juſqu'à 50 liv. une livre, cy 1 l.
De 50 à 100 liv. deux livres, cy 2 l.
De 100 liv. & au deſſus, les droits ſeront payez en augmentant, à raiſon de vingt ſols par chaque cinquante livres juſqu'à vingt-deux livres, que le droit le

plus fort demeure fixé, cy 22 l.

XXXV. Certificats, onze sols, cy 11 s.

XXXVI. Collations accordées par les executeurs d'Indult du Parlement, celles données par les Chanceliers des Eglises & Universitez à ceux qui sont nommez par Sa Majesté, & generalement toutes les sommations, oppositions, interpellations que les Parties desireront faire pour la conservation de leurs droits aux Patrons, aux Elisans, aux Collateurs & Collatrices du Royaume, Procés verbaux de Benediction d'Abbez & d'Abbesses, cessions & donations sous le bon plaisir du Roy, d'Indult des Officiers du Parlement de Paris, cessions & échanges des Patronages d'Eglises, cinq livres, cy 5 l.

XXXVII. Concordats pour raison d'Archevêchez, Evêchez, Abbayes & autres Dignitez & Benefices sur Procés mûs & à mouvoir, pour raison du possessoire desdits Benefices, payement, reduction & extinction de pension créée & à créer en Cour de Rome, cinq livres, cy 5 l.

XXXVIII. Commission d'Archidiacre pour desservir une Cure, une livre dix sols, cy 1 l. 10 s.

XXXIX. Compromis & expedition de Sentence arbitrale entre Personnes Ecclesiastiques & pour raison des droits appartenans à leurs Eglises, deux livres, cy 2 l.

XL. Compromis entre Particuliers & pour quelque cause que ce puisse estre, deux livres, cy 2 l.

XLI. Comptes & précomptes entre Particuliers non de Finance ni Marchands, pour quelque cause que ce soit, quatre livres dix sols, cy 4 l. 10 s.

XLII. Contrats de Mariages de 100 livres & au dessous, quinze sols, cy 15 s.

De 100 à 200 liv. une livre dix sols, cy 1 l. 10 s.

De 200 à 300 liv. une livre dix sols, cy 1 l. 10 s.

De 300 à 500 liv. deux livres quinze sols, cy 2 l. 15 s.

De 500 à 1000 liv. trois livres, cy 3 l.

De 1000 à 1500 liv. trois livres dix ſols, cy 3 l. 10 ſ.
De 1500. à 2000 liv. quatre livres, cy 4 l.
De 2000 à 3000 liv. cinq livres, cy 5 l.
De 3000 à 4000 liv. ſix livres, cy 6. l.
De 4000 à 5000. liv. ſept livres, cy 7 l.
De 5000 à 6000 liv. huit livres, cy 8 l.
De 6000 à 10000 liv. douze livres, cy 12 l.
De 10000 liv. & au deſſus, vingt-deux livres, cy 22 l.

XLIII. Contracts de Mariages entre Artiſans, ſimples Laboureurs, Manœuvriers & Gens ſans titre, qui declareront par leurs Contrats n'avoir aucuns biens en fonds ni autres effets au deſſus de la valeur de cent livres, une livre, cy 1 l.

XLIV. Contrats de Mariages où il n'y aura aucune ſomme déſignée ni eſtimation, & où les Parties ſe prendront avec leurs droits, douze livres, cy 12 l.

XLV. Les Contrats de Mariages dans leſquels le bien de l'un des Conjoints ne ſera évalué, deſigné ni eſtimé, ou que l'une des Parties ſe ſera priſe avec ſes droits, le droit de Contrôlle deſdits Contrats ſera doublé ſur le pied du bien qui y ſera eſtimé, lequel droit ne pourra exceder vingt-quatre livres, cy 24 l.

XLVI. Déguerpiſſement, exponſe ou abandonnement d'heritages où les ſommes ſeront deſignées, les droits ſeront payez à proportion & ſur le même pied qu'au I. Art. du preſent Tarif.

XLVII. Déguerpiſſement, exponſe ou abandonnement d'heritages où les ſommes ne ſeront pas deſignées, dix-ſept livres, cy 17 l.

XLVIII. Dépoſt ou conſignation où les ſommes ſeront deſignées, les droits ſeront payez à proportion & ſur le même pied qu'au I. Art. du preſent Tarif.

XLIX. Dépoſt ou conſignation où les ſommes ne ſeront deſignées, dix-ſept livres, cy 17 l.

L. Declaration pure & ſimple au profit de quelqu'un par Acte particulier, pour quelque cauſe que ce puiſſe eſtre, une livre ſix ſols, cy 1 l. 6. ſ.

L I. A l'égard des declarations qui ſeront faites par les mêmes Contracts, Obligations & autres Actes, il ſera payé les mêmes droits que pour les Contrats.

LII. Donations entre-vifs par toutes ſortes d'Actes de quelque nature & pour quelque cauſe que ce puiſſe eſtre, dont les ſommes en principal y ſeront deſignées ou par eſtimation, les droits ſeront payez à proportion & ſuivant qu'ils ſont reglez à l'Article XXXIV. du preſent Tarif.

L I I I. Donations mutuelles ou autres à titre univerſel dont l'eſtimation & évaluaton ne ſera faite par les Parties, ſera payé pour les droits :

Par les Perſonnes de condition, Eccleſiaſtiques ou Laïques, Notables Habitans des Villes, leurs femmes, veuves ou enfans, douze livres, cy 12 l.

Par les Artiſans des Villes & de la Campagne, Laboureurs & autres, femmes & enfans, cinq livres, cy 5 l.

Et par les ſimples Journaliers, leurs femmes & enfans, une livre dix ſols, cy 1 l. 10 ſ.

L I V. Declaration pure & ſimple qui n'a rapport à aucun Contrat, Obligations ou autres, ſeize ſols, cy 16 ſ.

L V. Deſiſtement, une livre, cy 1 l.

L V I. Diſſolution ou reſolution de Traitez, Souſtraitez, Societez & Comptes ; entre Gens de Finance, douze livres, cy 12 l.

Entre Marchands, huit livres, cy 8 l.

L V I I. Declaration de choſes en cenſive lors qu'il n'y aura que dix Art. & au deſſous, dix ſols, cy 10 ſ.

Et pour celles au deſſus de dix Articles, une livre, cy 1 l.

L V I I I. Engagemens ou pignoratifs où les ſommes ſeront deſignées, les droits ſeront payez à proportion & ſur le même pied qu'ils ſont reglez au I. Art. du preſent Tarif.

L I X. Engagemens ou pignoratifs où les ſommes ne ſeront pas deſignées, dix-ſept livres, cy 17 l.

L X. Echanges où les ſommes ſeront deſignées, les droits ſeront payez à proportion des ſommes & ſur le pied qu'ils ſont reglez par le I. Art. du preſent Tarif.

L X I. Echanges où les ſommes ne ſeront pas deſignées, dix-ſept livres, cy 17 l.

L X I I. Fondations où les ſommes ſeront deſignées, les droits ſeront payez à proportion & ſur le pied qu'ils ſont reglez par l'Art. XXXIV. du preſent Tarif.

L X I I I. Foy & hommage, les droits ſeront payez de même qu'aux aveus & dénombremens ci-devant reglez Art. VII. VIII. IX. & X.

L X I V. Inventaire de meubles & papiers faits devant Notaires, Greffiers ou autres, où les effets mobiliers ſeront eſtimez, les droits ſeront payez à proportion des ſommes ſur le pied qu'ils ſont reglez par l'Art. I. du preſent Tarif.

L X V. Inventaire où les effets ne ſeront pas eſtimez, dix-ſept livres, cy 17 l.

L X V I. Inventaire où il ſe trouvera que des papiers, de quelque nature qu'ils ſoient, ſera payé,

Pour Gentilshommes, Gens d'affaires, Marchands & Bourgeois, huit livres, cy 8 l.

Pour Artiſans, deux livres, cy 2 l.

L X V I I. Indemnité pure & ſimple par Acte particulier pour quelque cauſe que ce puiſſe eſtre, les droits en ſeront payez de vingt-ſix ſols, cy 1 l. 6 ſ.

L X V I I I. A l'égard des Indemnitez qui ſeront ſtipuſées par les mêmes Contracts, Obligations & autres Actes, de quelque nature qu'ils puiſſent eſtre, les droits ſeront payez comme pour les Contrats.

L X I X. Information d'âge, de vie & mœurs des Perſonnes nommées aux Archevêchez & Evêchez, cinq livres, cy 5 l.

LXX. Lettres d'Intronisation en Matiere Beneficiale, une livre, cy 1 l.

LXXI. Marchez où les sommes seront designées, les droits seront payez à proportion & sur le pied qu'ils sont reglez par l'Art. I. du present Tarif.

LXXII. Marchez où les sommes ne seront pas designées, dix-sept livres, cy 17 l.

LXXIII. Marchez pour la Marine & asseûrance à la grosse avanture, ne sera payé que moitié desdits droits.

LXXIV. Obligations où les sommes seront designées, les droits seront payez à proportion & sur le pied qu'ils sont reglez par le I. Article du present Tarif.

LXXV. Obligations où les sommes ne seront pas designées, dix-sept livres, cy 17. l.

LXXVI. Offres suivies de payement & portant Quittance par le même Acte, les droits seront payez à proportion & sur le même pied qu'ils sont reglez par l'Art. I. du present Tarif.

LXXVII. Obligations pour prest de Sel dans les Greniers de Sa Majesté, de cinquante livres & au dessous.

Pour chaque y denommé, un sol, cy 1 s.
De cent livres & au dessous, deux sols, cy 2 s.
Et pour celles au dessus à proportion.

LXXVIII. Opposition aux Inventaires ou autre Adjudications volontaires inserées dans iceux, sera payé autant de onze sols qu'il y aura d'oppositions, cy 11 s.

LXXIX. Opposition à prise de possession Matiere Beneficiale, onze sols, cy 11 s.

LXXX. Pensions ou Rentes viageres, sera payé,
Jusqu'à 50 liv. une livre, cy 1 l.
De 50 à 100 liv. une livre dix sols, cy 1 l. 10 s.
De 100 liv. & au dessus, les droits se payeront en augmentant, à raison d'une livre pour chaque 50 l. jusqu'à

juſqu'à vingt-deux livres, à quoy le plus fort droit demeure fixé, cy 22 l.

LXXXI. Preſentation ou nomination à Benefice, cinq livres, cy 5 l.

LXXXII. Permutation, cinq livres, cy 5 l.

LXXXIII. Priſe de poſſeſſion de Benefice, cinq livres, cy 5. l.

LXXXIV. Procuration pour ſe démettre de quelque Benefice ou Dignité Sacerdotale, quatre livres, cy 4 l.

LXXXV. Procuration pour prendre poſſeſſion de quelque Benefice ou Dignité d'Egliſe, quatre livres, cy 4 l.

LXXXVI. Preſentation de Patron Eccleſiaſtique ou Laïque, cinq livres, cy 5 l.

LXXXVII. Proviſions données pour les Abbez, Abbeſſes & autres Beneficiers, cinq livres, cy 5 l.

LXXXVIII. Proviſions données & accordées pour les Collateurs Laïques, cinq livres, cy 5 l.

LXXXIX. Procés verbaux d'élection à une premiere Dignité d'Egliſe Cathedrale, Collegiale ou Conventuelle, cinq livres, cy 5 l.

XC. Procuration pour reſigner, ceder ou retroceder Benefice, une livre, cy 1 l.

XCI. Procuration pour conſentir création ou extinction de penſion, une livre, cy 1 l.

XCII. Publication, iſſuë de Meſſe des priſes de poſſeſſion en cas de refus des Curez, ſeize ſols, cy 16 ſ.

XCIII. Procuration pour compromettre Matiere Beneficiale, une livre, cy 1 l.

XCIV. Publications des priſes de poſſeſſion dans les Aſſemblées d'Habitans; ou pour notification aux Patrons ou Collateurs ordinaires, onze ſols, cy 11 ſ.

XCV. Procuration pour notifier les noms des Graduez en temps de Carême, onze ſols, cy 11 ſ.

XCVI. Procuration pour acquerir Benefice, onze ſols, cy 11 ſ.

XCVII. Partage de meubles ou immeubles, lotissement de Douaire ou licitation entre Coproprietaires, dont la valeur n'excedera pas cinq cens liv. trois livres, cy 3 l.

De 500 à 1000 liv. trois livres dix sols, cy 3 l. 10 s.

De 1000 à 10000 liv. cinq livres, cy 5 l.

De 10000 liv. & au dessus, huit livres, cy 8 l.

Et si la valeur des biens partagez, lotis & licitez, n'est pas connuë & évalué, les droits seront payez sur le pied de huit livres, cy 8 l.

XCVIII. Partage de meubles & marchandises entre Particuliers, Marchands & autres, lesquels seront prisez & estimez, les droits seront payez à proportion des sommes & suivant qu'ils sont reglez cy-dessus à l'Art. XCVII.

XCIX. Pour ceux de cette nature dont la valeur ne sera pas connuë ni évaluée, quatre livres, cy 4 l.

C. Procuration pour resigner un Office de Cour Superieure ou pour Offices de Finance, comme Receveurs Generaux des Finances & Receveurs des Tailles, quatre livres, cy 4 l.

CI. Procuration pour resigner un Office de Presidiaux, principaux Bailliages & Justices ressortissantes nuëment és Cours Superieures, deux livres, cy 2 l.

CII Procuration pour resigner tous autres Offices, de quelque nature qu'ils puissent estre, une livre, cy 1 l.

CIII. Procuration qui portera resignation, cession, ou retrocession de Benefice, ou qui sera conçûë dans des termes qui pourront dispenser le Procureur fondé de ladite Procuration de passer d'autres Actes pour parvenir par le Resignataire à l'obtention des provisions du Benefice resigné, permuté ou cedé, cinq livres, cy 5 ll.

CIV. Protests de Lettres de Change ou Billets, protestations, empêchemens, notifications ou autres

Actes perſonnels qui ſe ſignifient ou notifient pour les Matieres laïques, onze ſols; cy 11 ſ.

C V. Quittances enſuite d'offres & toutes autres Quittances où les ſommes ſeront deſignées, les droits ſeront payez à proportion & ſuivant qu'ils ſont reglez par le I. Art. du preſent Tarif.

C V I. Quittances où les ſommes ne ſeront point deſignées, dix-ſept livres, cy 17 l.

C V I I. Quittances finales d'une ſomme totale dont les droits du Controlle pour les ſommes payées à compte n'auront pas eſté acquitez, ſera payé pour les droits de la ſomme totale ſur le même pied de l'Article premier.

C V I I I. Quittance finale d'une ſomme totale dont les droits de Controlle pour les ſommes payées à compte auroient eſté acquitées, ſera payé pour les droits de la ſomme reſtante à proportion ſur le pied qu'ils ſont reglez cy-deſſus, ſans néanmoins que le droit de Controlle de telle Quittance puiſſe exceder douze livres, cy 12 l.

C I X. Retrait lignager, feodal & conventionnel où les ſommes ſeront deſignées, les droits ſeront payez à proportion ſuivant qu'ils ſont reglez par l'Art. I. du preſent Tarif.

C X. Retrait lignager, feodal & conventionnel où les ſommes ne ſeront pas deſignées, dix-ſept livres, cy 17 l.

C X I. Rembourſement ou rachat du prix des Contrats ou Rentes conſtituées ou foncieres, ſoit qu'elles ſoient pures ou ſimples, ou qu'elles rappellent ou faſſent mention de Quittances données par les Parties ſous leurs ſignatures privées ou autrement, les droits ſeront payez comme pour les Contrats de conſtitution.

C X I I. Rembourſement de pareille nature où les ſommes ne ſeront pas deſignées, dix-ſept livres, cy 17 l.

CXIII. Renonciation à succession, communauté & autres droits, seize sols, cy 16 s.

CXIV. Resillement d'Actes, deux livres dix sols, cy 2 l. 10 s.

CXV. Reconnoissance ou ratification volontaire d'Actes sous signature privée, sera payé suivant la qualité & la consequence de l'Acte reconnu ou ratifié.

CXVI. Resignation de Benefice, cinq livres, cy 5 l.

CXVII. Requisition d'une confirmation Matiere Beneficiale, cinq livres, cy 5 l.

CXVIII. Revocation de Procuration pour resigner, ceder ou retroceder un Benefice ou consentir création ou extinction de pension, une livre, cy 1 l.

CXIX. Representation Matiere Beneficiale, une livre, cy 1 l.

CXX. Requisition de Visa, une livre, cy 1 l.

CXXI. Requisition de fulmination de Bulles, une livre, cy 1 l.

CXXII. Requisition d'estre admis à prendre l'habit, faire Noviciat & Profession, une livre, cy 1 l.

CXXIII. Requisition pour satisfaire au decret d'une Provision de Benefice regulier, une livre, cy 1 l.

CXXIV. Repudiation de provision, une livre, cy 1 l.

CXXV. Retractation de revocation de Procureur en Matiere Beneficiale, onze sols, cy 11 s.

CXXVI. Requisition aux Curez de publier les prises de possession aux Prônes des Messes, onze sols, cy 11 s.

CXXVII. Resignation d'Offices de Cour Superieure & de Finance, comme Receveurs Generaux des Finances & des Tailles, quatre livres, cy 4 l.

CXXVIII. Resignation d'Offices des Pesidiaux

& principaux Bailliages & Justices ressortissantes nuëment és Cours Superieures, deux livres, cy 2 l.

CXXIX. Resignation de tout autre Office, une livre, cy 1 l.

CXXX. Signification de Lettres d'Indult de joyeux avenement & serment de fidelité, cinq livres, cy 5 l.

CXXXI. Signification extrajudiciaire de Bref & Rescrit Apostolique, Concordats sur Procés mûs & à mouvoir pour raison du possessoire des Benefices, payement, reduction & extinction de Pension créée & à créer en Cour de Rome, une livre, cy 1 l.

CXXXII. Signification de Procuration pour compromettre, une livre, cy 1 l.

CXXXIII. Signification de retractation pour Procuration, une livre, cy 1 l.

CXXXIV. Signification de degrez d'attestation de temps, études & de nomination de Graduez, une livre, cy 1 l.

CXXXV. Saisine ou reprise de possession d'heritages & immeubles, dont la valeur n'excedera pas cinq cens livres, deux livres dix sols, cy 2 l. 10 s.

De 500 à 1500 liv. trois livres, cy 3 l.

De 1500 à 3000 liv. quatre livres, cy 4 l.

De 3000 à 6000 liv. six livres, cy 6 l.

De 6000 liv. & au dessus, huit livres, cy 8 l.

Et si la valeur des biens n'est pas connuë & évaluée, les droits seront payez sur le pied de huit livres, cy 8 l.

CXXXVI. Sentence arbitrale jusqu'à 500. liv. trois livres, cy 3 l.

De 500 à 2000 liv. quatre livres, cy 4 l.

De 2000 liv. & au dessus ou qui ne pourra s'estimer, cinq livres, cy 5 l.

CXXXVII. Transaction, Accord, Attermoyement, Billets, Promesses & autres Actes generalement sous seings privez de quelque nature qu'ils ſoient, païeront les droits ſuivant la nature des Actes mentionnez au preſent Tarif, conformément à l'Edit du mois d'Octobre 1705. & où les ſommes ſeront déſignées à proportion & ſur le pied qu'ils ſont reglez par le premier Art. du preſent Tarif.

CXXXVIII. Tranſaction, Accord, Attermoyement où les ſommes ne ſeront pas déſignées & autres Actes dans leſquels les choſes qui ont fait la matiere deſdits Actes ne ſeront & ne pourront eſtre eſtimées ni évaluées, quoique par leſdits Actes il y euſt des dommages, intereſts, frais ou dépens liquidez à des ſommes certaines ſuivant l'Arreſt du Conſeil, ſera payé dix-ſept livres, cy 17 l.

CXXXIX. Titre nouvel & reconnoiſſance d'hypoteque des Rentes, les droits ſeront payez comme pour les Contrats conſtitutifs ou création deſdites Rentes.

CXL. Teſtamens, Codiciles ou ſubſtitutions & autres Actes portant donations qui ne doivent avoir effet qu'aprés la mort des donateurs, payeront; ſçavoir, pour ceux faits par Perſonnes de condition, Eccleſiaſtiques ou Laïques, notables Artiſans des Villes, leurs femmes, veuves & enfans, huit livres, cy 8 l.

CXLI. Pour les autres Artiſans des Villes & de la Campagne, Laboureurs & autres, leurs femmes, veuves & enfans, deux livres dix ſols, cy 2 l. 10 ſ.

CXLII. Traitez, Soutraitez, Societez & Comtçs entre Gens d'Affaires, douze livres, cy 12 l.

CXLIII. Entre Marchands, huit livres, cy 8 l.

CXLIV. Ventes, tranſports, ceſſions ou ſubrogations de choſes mobiliaires ou immobiliaires, les droits ſeront païez à proportion des ſommes qui y ſeront deſignées & ſur le même pied qu'ils ſont fixez au premier Art. du preſent Tarif.

CXLV. Ventes, tranſports, ceſſions ou ſubrogations de choſes mobiliaires ou immobiliaires où les ſommes ne ſeront pas déſignées, dix-ſept livres, cy 17 l.

CXLVI. Ventes d'Offices & de gages ou droits incorporez ou non à quelque Office, ſera payé :
Juſqu'à 100 liv. une livre, cy 1 l.
De 100 à 400 liv. deux livres cinq ſols, cy 2 l. 5 ſ.
De 400 à 600 liv. trois livres, cy 3 l.
De 600 à 800 liv. trois livres dix ſols, cy 3 l. 10 ſ.
De 800 à 1000 liv. quatre livres, cy 4 l.
De 1000 à 2000 liv. quatre livres dix ſols, cy 4 l. 10 ſ.
De 2000 à 3000 liv. ſix livres dix ſols, cy 6 l. 10 ſ.
De 3000 à 4000 liv. huit livres dix ſols, cy 8 l. 10 ſ.
De 4000 à 5000 liv. dix livres dix ſols, cy 10 l. 10 ſ.
De 5000 à 6000 liv. douze livres dix ſols, cy 12 l. 10 ſ.
De 6000 à 7000 l. quatorze liv. dix ſols, cy 14 l. 10 ſ.
De 7000 à 8000 liv. ſeize liv. dix ſols, cy 16 l. 10 ſ.
De 8000 à 9000 l, dix-huit liv. dix ſols, cy 18 l. 10 ſ.
De 9000 à 10000 liv. vingt liv. dix ſols, cy 20 l. 10 ſ.
De 10000 à 11000 liv. vingt-deux livres dix ſols, cy 22 l. 10 ſ.
De 11000 à 12000 liv. vingt-quatre livres 10 ſols, cy 24 l. 10 ſ.
De 12000 à 13000. liv. vingt-ſix livres dix ſols, cy 26 l. 10 ſ.
De 13000 à 14000 liv. vingt-huit livres dix ſols, cy 28 l. 10 ſ.
De 14000 liv. trente livres dix ſols, cy 30 l. 10 ſ.
De 14000. liv. & au deſſus, trente-deux livres, cy 32 l.

Fait & arreſté au Conſeil Royal des Finances, tenu à Marly le vingt-quatriéme jour d'Aouſt mil ſept cens ſix. Collationné. Signé, RANCHIN.

EDIT. DU ROY,

Portant que les Contrats & Actes de tous les Notaires ou Tabellions Royaux seront scellez par les Notaires qui les auront passez, avant qu'ils puissent estre mis à execution.

Donné à Versailles au mois de Novembre 1706.

LOUIS par la grace de Dieu, Roy de France & de Navarre : A tous presens & à venir, Salut. Par nostre Edit du mois de Novembre *1696.* Nous avions crée des Offices de Garde-Scels, pour sceller tous les Contracts & Actes des Notaires, & percevoir les droits qui leurs estoient attribuez. Depuis Nous aurions réüni les droits de ces Officiers à nos Fermes, & les aurions fait percevoir à nostre profit ; mais Nous avons jugé à propos d'eteindre la perception des droits de Sceau des Contracts & Actes des Notaires, à commencer du permier Octobre dernier, par nostre Edit du mois d'Aoust precedent, ensorte que lesdits Actes sont presentement déchargez des droits de Sceau qu'ils payoient avant nostredit Edit ; mais comme ils ont besoin d'estre revétus de nostre Sceau dans les cas où il convient les mettre à execution, Nous avons estimé qu'il estoit à propos de pourvoir à la maniere dont lesdits Actes seront scellez cy-aprés, afin que nos Sujets ne souffrent aucun retardement dans l'execution desdits Contrats & Actes, ce que Nous avons crû ne pouvoir faire d'une maniere plus convenable qu'en accordant à tous les Notaires & Tabellions Royaux, un Sceau pour l'apposer sur les Actes qu'ils delivreront à l'avenir, lorsqu'il sera besoin de les mettre à execution, & nous avons estimé qu'il estoit aussi necessaire de pourvoir en même temps au Sceau des Actes passez avant le premier Octobre, afin que le défaut de Sceau n'en puisse retarder l'execution. A CES CAUSES & autres à ce Nous mouvans, de nostre certaine science, pleine puissance & autorité Royale, Nous avons par le present Edit perpetuel & irrevocable, dit, statué & ordonné, disons, statuons & ordonnons, Voulons & Nous plaist, que les Contracts & Actes de tous les Notaires ou Tabellions Royaux, soient à l'avenir scellez par les Notaires qui les auront passez avant qu'ils puissent estre mis à execution, & ce à commencer du premier Octobre de la presente année 1706. à l'effet de quoy Nous avons attribué & attribuons à chacun desdits Notaires & Tabellions Royaux dans toute l'étenduë de nostre Royaume, Païs, Terres & Seigneuries de nostre obeïssance, la faculté d'avoir un Sceau de nos Armes pour l'aposer sur leurs Contrats & Actes lorsque besoin sera. Voulons que lesdits Contrats & Actes ayent, lorsqu'ils seront revétus dudit Sceau, pleine & entiere execution, de même qu'ils l'ont eu cy-devant en vertu du Sceau aposé par nos Fermiers & leurs Commis. Permettons ausdits Notaires & Tabellions de percevoir un sol pour l'aposition dudit Sceau; Voulons que dans les Villes & lieux où nous avons étabi des Syndics des Notaires par nostre Edit du mois de Mars 1706. les pourvûs desdits Offices soient dépositaires desdits Sceaux pour les aposer sur tous les Actes & Contrats de tous les Notaires & Tabellions Royaux desdites Villes & lieux en même temps qu'ils les signeront en second & avant qu'ils puissent estre mis à execution, & ils prendront à cet effet avec le titre de nos Conseillers-Syndics desdits Notaires celuy de Gardes & Depositaires du Sceau des

Contrats & Actes desdits Notaires & Tabellions Royaux, & ils percevront à leur profit le sol cy-dessus attribué pour l'aposition dudit Sceau, dont ils feront bourse commune dans les Villes & lieux où ils seront plusieurs établis. Faisons défenses de mettre ou faire mettre à execution lesdits Contrats & Actes des Notaires & Tabellions Royaux, qu'ils n'ayent esté préalablement revétus du Sceau de nos Armes, à peine de cent livres d'amende pour chacune contravention, payable par chacun des contrevenans, qui appartiendra moitié aux Syndics desdits Notaires, au préjudice desquels la contravention aura esté commise, l'autre moitié à l'Hôpital des lieux. Permettons aux Notaires & Tabellions desdites Villes & lieux où les Syndics doivent estre établis d'acquerir lesdits Offices de Syndics & les droits y joints, auquel cas ils pourront avoir chacun un Sceau de nos Armes pour sceller leurs Contrats & Actes, & ils percevront lesdits droits de Sceau chacun pour les Contrats & Actes qu'ils auront passez. Ordonnons pareillement que toutes les Expeditions des Contrats & Actes des Notaires & Tabellions Royaux de nostre Royaume qui auront esté passez auparavant le premier du mois d'Octobre dernier, soient scellez comme ils l'estoient avant nostre Edit du mois d'Aoust precedent, aux Bureaux qui sont établis pour le Sceau des Actes judiciaires, dans le Ressort desquels lesdits Contrats & Actes auront esté passez, en payant au Fermier de nosdits droits les mesmes & semblables droits que ceux qu'ils payoient avant ledit Edit du mois d'Aoust. SI donnons en mandement à nos amez & feaux Conseillers, les Gens tenant nostre Cour de Parlement, Chambre des Comptes & Cour des Aydes à Paris, que nostre present Edit ils ayent à faire lire; publier & enregistrer, & le contenu en iceluy suivre, garder & observer selon sa forme & teneur, cessant & faisant cesser tous troubles & empêchemens qui pourroient eſtre mis ou donnez nonobſtant tous Edits, Declarations, Reglemens & autres choſes à ce contraires, auſquels Nous avons dérogé & dérogeons par le preſent Edit, aux copies duquel collationnées par l'un de nos amez & feaux Conſeillers-Secretaires, Voulons que foy ſoit ajoûtée comme à l'Original : CAR tel eſt noſtre plaiſir; & afin que ce ſoit choſe ferme & ſtable à toûjours, Nous y avons fait mettre noſtre Scel. DONNÉ à Verſailles au mois de Novembre, l'an de grace mil ſept cent ſix. Et de noſtre Regne le ſoixante-quatriéme. Signé, LOUIS : Et plus bas, Par le Roy, PHELYPEAUX. Viſa, PHELYPEAUX. Veu au Conſeil, CHAMILLART. Et ſcellé du grand Sceau de cire verte, en lacs de ſoye rouge & verte.

Regiſtrées, à Paris en Parlement le vingt-ſix Novembre mil ſept cens ſix. Signé, DONGOIS.

EDIT DU ROY.

Donné à Versailles au mois de Decembre 1703.

Portant création entitre d'Office formé hereditaire d'un Office de Conseiller du Roy, Greffier des Insinuations Laïques, en chacune des Villes & lieux du Royaume, Païs, Terres & Seigneuries de l'obéissance de Sa Majesté, où il y a Siege de Jurisdiction Royale & ordinaire.

Registré en Parlement le huit Février 1704.

LOUIS PAR LA GRACE DE DIEU, ROY DE FRANCE ET DE NAVARRE: A tous presens & à venir, SALUT. Les Rois nos predecesseurs ont ordonné par differens Edits & Declarations, que tous Contrats de ventes, Echanges, Donnations, Cessions, Transports, Constitution de Rentes, Garenties, contre-Lettres, Declarations, & autres Obligations, seroient insinuez à peine de nullité; & ils ont à cet effet crée des des Greffiers pour faire lesdites Insinuations. Nous avons à leur exemples ordonné par nostre Declaration du mois de May 1645. que toutes Donnations, soit entre vifs ou à cause de mort en faveur de Mariage ou autrement, seroient insinuées, le tout à peine de nullité. Les Offices furent établis dans la plûpart des lieux où l'Insinuation s'observe aujourd'huy, particulierement dans l'étenduë du Ressort du Châtelet de nostre bonne Ville de Paris, & dans nostre Province de Bretagne, mais comme il ne se trouva pas alors des Acquereurs dans tous les lieux où ces Offices devoient eſtre établis, les Greffiers des Juſtices ordinaires & autres Particuliers ſe ſont ingerez à en faire les fonctions & en percevoir les droits, ſans nous avoir pour ce payé aucune finance. A quoy voulant pourvoir, & employer en même temps les moyens qui nous paroiſſent les moins à charge à nos Sujets, pour nous procurer les ſecours qui nous ſont neceſſaires, nous avons reſolu de ſupprimer leſdits Offices des Greffiers des Inſinuations, & d'en établir de nouveaux, dont nous étenderont les fonctions ſur tous les Contrats & Actes dont le public à intereſt d'avoir connoiſſance. A CES CAUSES, & autres à ce nous mouvans, de noſtre certaine ſcience, pleine puiſſance & autorité Royale, nous avons par le preſent Edit perpetuel & irrevocable, éteint & ſupprimé, éteignons & ſupprimons tous les Greffes des Inſinuations Laïques, créez & établis dans l'étenduë de noſtre Royaume par nous ou par les Rois nos Predeceſſeurs, ſoit qu'il ſoient exercez en vertu de nos Lettres de Proviſions, ou ſur matricules ou commiſſions par ceux qui s'en pretendent proprietaires, ou par les Fermiers de nos Domaines, Voulons qu'il ſoit inceſſamment procedé en noſtre Conſeil à la liquidation de leur finance & pourvû à leur rembourſement. Et des mêmes pouvoir & autorité que deſſus.

I. Nous avons créé & érigé, créons & érigeons en titre d'Office formé hereditaire, un Office de nôtre Conſeiller-Greffier des Inſinuations Laïques, en chacune des Villes & lieux de noſtre Royaume, Païs, Terres & Seigneuries de noſtre obeïſſance où il y a Siege de Juriſdiction Royale & ordinaire, pour inſinuer & enregiſtrer tous les Contrats & Actes ſujets à Inſinuations, ainſi qu'il ſera dit cy-aprés, ſur des Regiſtres, leſquels ſeront paraphez dans les Bailliages & Sénéchauſſées par les Lieutenans Generaux,

& dans les Prevoſtez & autres Juſtices Royales par les premiers Juges, pour lequel paraphe leur ſera payé trois livres pour chacun Regiſtre.

II. Voulons que toutes donations entre-vifs ou à cauſe de mort, ſoit de meubles ou immeubles, à l'exception de celles faites en ligne directe par Contrats de Mariages, tous dons mutuels, enſemble toutes diſpoſitions entre-vifs ou de derniere volonté, contenant des ſubſtitutions ou exheredations, ſoient Inſinuées & enregiſtrées és Regiſtres deſdits Greffiers, dans le temps & ſous les peines portées par l'Article CXXXII. de l'Ordonnance de 1539. par les Articles LVII. & LVIII. de l'Ordonnance de Moulins, & par les Declarations des 10. Juillet 1566. & dix-ſept Novembre 1690.

III. Seront en outre Inſinuées és Regiſtres deſdits Greffiers tous les Actes cy-aprés par extraits ſommaires ſeulement; ſçavoir, tous legs fait par teſtament ou codiciles, dont les extraits ſeront Inſinuez à la diligence des Executeurs teſtamentaires ou des heritiers, ſauf à repeter ſur les Legataires en deduction de leurs legs, & au défaut deſdits Executeurs & heritiers à la diligence des Legataires, leſquels non plus que les donataires à cauſes de mort, ne pourront obtenir la délivrance de leurs legs ou donnations que l'Inſinuation n'en ait eſté faite.

IV. Comme auſſi, les clauſes des Contrats de Mariage, contenant excluſion de communauté dans les Païs où elle a lieu, & les ſeparations de biens entre maris & femmes ordonnées en Juſtice.

V. Toutes interdictions volontaires de contracter & celles des prodigues, furieux & gens en demence, & les Sentences & Jugemens portant main-levée deſdites interdictions.

VI. Toutes renonciations à ſucceſſions ou Communautez de biens entre maris & femmes, tous Arreſts ou Jugemens qui auront declaré les exheredations, donations, dons mutuels ou ſubſtitutions nulles, toutes Lettres de benefice d'âge ou d'inventaire & Actes d'émancipation.

VII. Tous contrats d'union ou de direction de Creanciers ; ceux d'atermoyement, ceſſion & abandonnement de biens ; toutes Sentences ou Jugemens, portans nomination de Curateurs aux ſucceſſions vacantes, à ſubſtitutions, gens en demence & autres.

VIII. Toutes Lettres de repy ou Arreſts de ſurceance ; toutes Lettres d'Annobliſſement, Amortiſſement, Legitimation, ou Naturalité, érection de terres en Marquiſat, Comté, Baronnie ou autre titre de dignité, conceſſion de Juſtice, foires & marchez.

IX. Seront toutes donations d'immeubles entre-vifs ou à cauſe de mort, dont mutuels & ſubſtitutions, enſemble les Jugemens qui les auront declaré nulles inſinuées & enregiſtrées és Regiſtres des Greffes des Inſinuations, tant du lieu du domicile des donateurs ou teſtateurs, que de ceux ou les immeubles ſeront ſituez, ſans préjudice de la publication des ſubſtitutions preſcrite par nos Ordonnances.

X. Les donations d'effets mobiliers, & les legs faits pas teſtamens ou codiciles ſeront inſinuées au Greffes des Inſinuations du domicile des donateurs ou teſtateurs au jour de leur decés.

XI. Et quant aux Actes d'exheredations ou Jugemens qui les auront declaré nuls, ils ſeront Inſinuez au Greffe du lieu où ceux qui auront fait leſdites exheredations auront leur domicile au jour de la publication deſdits Actes, en cas qu'ils les rendent publics durant leur vie, ſinon au Greffe du lieu où ils auront leur domicile au jour de leur mort.

XII. Les clauſes des Contrats de Mariage contenant excluſion de Communauté dans les Païs où elle à lieu, & les ſeparations de biens entre maris & femmes, ſeront inſinuées au Greffe des Inſinuations du lieu où le mary aura son domicile dans le temps du Contrat de Mariage ou de la separation.

XIII. Les renonciations aux successions au Greffe du lieu où les successions seront ouvertes, & celles à communautez de biens au Greffe du lieu du domicile du mari.

XIV. Les interdictions & les Jugemens qui en ordonneront main-levée au Greffe du lieu où l'interdit aura son domicile.

XV. Les Contrats d'union ou de direction de creanciers, ceux d'atermoyemens, cession ou abandonnement de biens au Greffe du lieu du domicile des débiteurs.

XVI. Les Actes d'émancipation, Lettres de benefice d'âge ou d'inventaire ; les Sentences de nomination de curateurs à successions vacantes & autres cy dessus au Greffe du domicile des personnes mises en curatelle, ou des lieux où les biens seront situez.

XVII. Les Lettres d'Anoblissement, legitimation ou naturalité ; les Lettres de repy & Arrests de surceance au Greffe du lieu du domicile de l'Impetrant.

XVIII. Les Lettres d'Amortissement, celles d'érection en fiefs, Comtez, Marquisats ou Baronnies, concession de Justice, foires & marchez, seront insinuées au Greffe des Insinuations des lieux où les biens pour lesquels lesdites Lettres auront esté obtenuës, seront situez.

XIX. Ne sera établi dans les Villes où il y a Bailliage & Prevosté ou autre Justice Royale ordinaire qu'un seul Greffe des Insinuations, auquel tous les Contrats & Actes cy-dessus seront insinuez ; & au cas que les parties où les Impetrans se trouvent domiciliez, ou que les biens se trouvent situez dans l'étenduë des Justices appartenantes à des Seigneurs particuliers, l'Insinuation sera faite aux Greffes qui seront établis dans les Bailliages, Sénéchaussées & autres Justices Royales où ressortissent lesdites Justices;

&

& en cas qu'elles ressortissent en nos Cours, aux Greffes des Insinuations des Bailliages & autres Sieges Royaux, à qui la connoissance des cas Royaux appartiendra dans l'étenduë desdites Justices.

XX. Voulons que les Impetrans desdites Lettres & autres qui voudront se servir des Contrats & Actes cy-dessus exprimez, soient tenus de les faire insinuer ainsi qu'il est ordonné par les Articles precedens, & que jusqu'à l'Insinuation lesdites Lettres, Contrats & Actes, ne puissent avoir aucun effet en Justice ny autrement, en quelque sorte & maniere que ce soit.

XXI. Faisons tres-expresses défenses aux Officiers de nos Cours & autres Justices de proceder à l'homologation ou enregistrement d'iceux, ny d'y avoir aucun égard en Justice, qu'il ne leur soit apparu de l'Insinuation qui en aura esté faite, conformément au present Edit.

XXII. Seront payez pour lesdites Insinuations qui seront faites à l'avenir, à commencer du premier Janvier prochain, les droits qui seront reglez par le Tarif que nous avons pour cet effet arresté en nostre Conseil, & attaché sous le contre-scel du present Edit.

XXIII. Voulons neanmoins que dans les cas où un même Acte se trouveroit contenir differentes dispositions sujettes à Insinuation, & concernans les mêmes personnes, il ne soit payé qu'un seul droit d'Insinuation sur le pied le plus fort.

XXIV. Et attendu que rien n'est plus important pour la conservation, tant de nos Domaines que de ceux de tous les Seigneurs, soit Ecclesiastiques ou Laïques de nostre Royaume, que d'avoir une connoissance exacte de toutes les mutations qui arrivent dans l'étenduë, tant de nos mouvances & censives, que de celles desdits Seigneurs, lesquelles doivent nous produire ou à eux des droits Seigneuriaux, dont

Nous sommes souvent privez aussi-bien qu'eux, par le soin que prennent les nouveaux possesseurs d'en dérober la connoissance. Nous voulons qu'à l'avenir tous Contrats de vente, échanges, decrets, & autres titres translatifs de proprieté de biens immeubles, tenus en fief ou en censive, soit de nous ou des Seigneurs particuliers de nostre Royaume, soient pareillement insinuez & enregistrez ausdits Greffes des Insinuations des Bailliages ou autres Sieges Royaux, dans le Ressort desquels lesdits biens seront situez, & ce dans six mois du jour & date desdits titres, pour lequel enregistrement sera payé ausdits Greffiers le centiéme denier du prix desdits biens ou de la valeur d'iceux, en cas que le prix ne soit pas exprimé suivant l'estimation qui en sera faite à l'amiable, ou par personnes convenuës ou nommées d'Office, ensorte neanmoins que pour les biens dont le prix ou valeur excederont dix mil livres, il ne puisse estre payé plus de cent livres.

XXV. Voulons pareillement que les nouveaux possesseurs desdits biens immeubles à titre successifs, soient tenus de faire leurs declarations ausdits Greffes des Insinuations des biens immeubles qui leur seront advenus par successions, & ce dans six mois, du jour de l'ouverture desdites successions, ce que nous n'entendons neanmoins avoir lieu dans les cas de succession en ligne directe, si ce n'est dans les Coustumes où il est dû quelques droits aux Seigneurs lors des mutations en ligne directe, auquel cas neanmoins ne sera payé par lesdits Successeurs en ligne directe, que moitié dudit droit de centiéme denier.

XXVI. Voulons que le temps fixé par les Coûtumes pour le retrait feodal ou lignager ne puisse courir, même aprés l'exhibition des Contrats & autres Titres de proprieté à l'égard du retrait feodale ou aprés l'ensaisinement à l'égard du retrait lignager, que du jour de l'insinuation ou enregistrement; & que ceux desdits nouveaux Possesseurs qui n'auront fait enregistrer leurs titres dans ledit temps de ſix mois, ſoient tenus de payer auſdits Greffiers des Inſinuations le triple dudit droit d'enregiſtrement : à quoy faire ils pourront eſtre contraints à la diligence deſdits Greffiers par ſaiſie des revenus deſdits biens.

XXVII. Faiſons deffenſes à tous nos Juges de donner aucune main-levée deſdites ſaiſies, qu'il ne leur ſoit apparu du payement deſdits droits.

XXVIII. Permettons à tous Seigneurs, ſoit Eccleſiaſtiques ou Laïques, d'acquerir ſoit de nous ou de ceux qui auront acquis leſdits Greffes des Inſinuations, le Greffe des enregiſtrement des mutations deſdits biens immeubles, chacun dans l'étenduë de leurs Terres & Seigneuries, pour le réünir ſi bon leur ſemble, au Greffe de leurs Juſtices s'ils en ont ; & au cas qu'ils n'ayent point de Juſtice, pour les faire exercer par tels perſonnes qu'ils jugeront à propos d'y commettre, leſquelles ſeront reçuës ſur leurs ſimples Commiſſions par les Officiers des Bailliages & Sénéchauſſées, dans le Reſſort deſquels leſdites Terres & Seigneries ſe trouveront ſituées ; à la charge dans l'un & dans l'autre cas de tenir par ceux qui ſeront commis, de bons & fideles Regiſtres, & paraphez comme cy-deſſus par les Lieutenans Generaux deſdits Bailliages & Sénéchauſſées.

XXIX. Permettons neanmoins à tous Particuliers qui acquerreront des biens immeubles dans l'étenduë deſdites Terres & Seigneuries, en cas de refus par ceux qui ſeront commis auſdits Greffes, d'enregiſtrer au Greffe des Inſinuations du Bailliage ou autre Juſtice Royale dans le Reſſort deſquels leſdits biens ſeront ſituez.

XXX. Avons attribué & attribuons auſdits Greffiers des Inſinuations cent mille livres de gages effectifs, à diſtribuer entr'eux ſuivant les Rolles qui ſeront arreſtez en noſtre Conſeil, & en outre les droits cy-deſſus reglez & ceux portez par le Tarif cy-attaché :

& voulons qu'ils joüissent de tous & semblables privileges dont joüissent les Officiers de nos Bailliages & Sénéchaussées, & autres Sieges Royaux prés desquels ils seront établis.

XXXI. Sera par nous pourvû ausdits Offices sur les Quittances du Tresorier des Revenus Casuels de la finance qui sera fixée par les Rolles qui seront arrestez en nostre Conseil, & sur celles du Marc d'Or. Permettons à ceux qui les acquerreront d'emprunter les deniers necessaires pour en payer la finance; & ordonnons que ceux qui les leur auront prestez, auront privilege special sur lesdits Offices, auquel effet mention en sera faite dans leurs Quittances de Finance.

Si donnons en mandement à nos amez & feaux Conseillers les Gens tenans nostre Cour de Parlement, Chambre de nos Comptes & Cour des Aydes à Paris, que nostre present Edit ils ayent à faire lire, publier & enregistrer, & le contenu en iceluy garder & observer selon sa forme & teneur, sans y contrevenir ni permettre qu'il y soit contrevenu en quelque sorte & maniere que ce soit, nonobstant tous Edits, Declarations & autres choses à ce contraires, ausquels Nous avons dérogé & dérogeons par nostre present Edit, aux Copies duquel collationnées par l'un de nos amez & feaux Conseillers-Secretaires, voulons que foy soit ajoûtée comme à l'Original : CAR tel est nostre plaisir. Et afin que ce soit chose ferme & stable à toûjours, nous y avons fait mettre nostre Scel. Donné à Versailles au mois de Decembre, l'an de grace mil sept cens trois : Et de nostre Regne le soixante-uniéme. Signé, LOUIS. Et plus bas; Par le Roy, PHELYPEAUX. Visa, PHELYPEAUX. Veu au Conseil, CHAMILLART. Et scellé du grand Sceau de cire verte, sur lacs de soye rouge & verte.

Regiſtré, Oüy & ce requerant le Procureur general du Roy, pour eſtre executé ſelon ſa forme & teneur, ſuivant l'Arreſt de ce jour. A Paris en Parlement, le huitiéme Février mil ſept cens quatre. Signé, DONGOIS.

Extrait des Regiſtres du Conſeil d'Etat.

TARIF.

DES Droits que le Roy en ſon Conſeil veut & ordonne eſtre payez aux Greffiers des Inſinuations créez par Edit du mois de Decembre 1703. *pour l'Inſinuation & Enregiſtrement des Titres mentionnez audit Edit.*

SÇAVOIR,

POUR toutes donations ſoit entre vifs ou à cauſe de mort, en faveur du Mariage ou autrement, ſera payé ſçavoir, pour celles au deſſous de cinquante livres, vingt ſols, cy 20 ſ.

De cinquante livres à cent livres, deux livres, cy 2 l.

De cent livres juſqu'à cinq cens livres, trois liv. cy 3 l.

De cinq cens livres juſqu'à mille livres, ſix livres, cy 6 l.

De mille livres juſqu'à deux mille livres, huit livres, cy 8 l.

De deux mille livres juſques à quatre mille livres, dix livres cy 10 l.

De quatre mille livres juſqu'à dix mille livres, vingt livres, cy 20 l.

Et au dessus de dix mille livres, à quelque somme qu'elles puissent monter, trente livres, cy 30 l.

Pour les dons mutuels, vingt livres, cy 20 l.

Et pour les Jugemens qui auront cassé lesdites donations & dons mutuels, moitié des sommes cy-dessus.

Pour toutes Lettres d'Annoblissement, Legitimation, Naturalité, érection en Marquisats, Comtez, Baronnies, ou autres Titres de dignité, concession de Justice, Foire ou Marché, cinquante liv. cy 50 l.

Pour les Amortissemens de biens de valeur de cinq cens livres & au dessous, cinq livres, cy 5 l.

Pour ceux de valeur depuis cinq cens livres jusqu'à deux mille livres, dix livres, cy 10 l.

Pour ceux depuis deux mille livres jusqu'à quatre mille livres, vingt livres, cy 20 l.

Pour ceux depuis quatre mille livres jusqu'à dix mille livres, trente livres, cy 30 l.

Et pour ceux au dessus de dix mille livres, cinquante livres, cy 50 l.

Pour toutes substitutions de biens, vingt livres, cy 20 l.

Et pour les Jugemens qui les auront declarées nulles, moitié, cy 10 l.

Pour chacun Extrait de legs faits par Testament ou Codicile, sera payé même droit que cy-dessus pour les donations.

Pour les Actes d'exheredation, sera payé cinquante livres, cy 50 l.

Et pour les Jugemens qui les auront declarez nuls, moitié, cy 25 l.

Pour toutes separations de biens ou exclusions de communauté entre maris & femmes, soit qu'elles soient stipulées par les Contrats de Mariage, ou ordonnées en Justice, quinze livres, cy 15 l.

Pour les interdictions volontaires de contracter,

celles des prodigues, furieux ou gens en demence, quinze livres, cy 15 l.

Et pour les Jugemens qui en auront fait main-levée, moitié, cy 7 l. 10 s.

Pour toutes rononciations à successions, ou à communautez entre maris & femmes, trois livres, cy 3 l.

Pour toutes Lettres de benefice d'âge, ou d'inventaire & Acte d'émancipation, dix livres, cy 10 l.

Pour les Sentences portant nomination de Curateur, trois livres, cy 3 l.

Pour tous Contrats d'union ou de direction de créanciers, ceux d'attermoyement ou abandonnement de biens, dix livres, cy 10 l.

Pour toutes Lettres de Répy ou Arrests de surceanséance, vingt livres, cy 20 l.

Seront lesdits droits payez en chacun des Greffes où les Actes cy-dessus seront Insinuez, conformément audit Edit.

Pour la recherche sur les Registres, sera payé dix sols par année.

Pour chaque Extrait desdits Enregistremens, dix sols, cy 10 s.

Et pour l'expedition en entier desdits Actes, sera payé par Rôlle de Grosses même droit qui se paye pour les expeditions en papier aux Greffiers des Sieges Royaux, prés desquels ils seront établis.

FAIT & arresté au Conseil Royal des Finances, tenu à Versailles le vingt-deux Decembre 1703. Collationné. Signé, DE LAISTRE.

DECLARATION DU ROY,

Donnée à Versailles le dix neuf Juillet 1704.

En interpretation de l'Edit du mois de Decembre 1703. portant création en titre d'Office formé hereditaire, d'un Office de Conseiller du Roy, Greffier des Insinuations Laiques en chacune des Villes & Lieux du Royaume, Pays, Terres & Seigneuries de l'obéïssance de Sa Majesté, où il y a Siege de Jurisdiction Royale & ordinaire.

Registrée en Parlement le dix-neuf Aoust 1704.

LOUIS par la grace de Dieu, Roy de France & de Navarre : A tous ceux qui ces presentes Lettres verront, Salut. Par nostre Edit du mois de Decembre 1703. Nous avons ordonné que tous les Contrats & Actes dont le Public a interest d'avoir connoissance, seroient Insinuez au Greffe des Insinuations Laïques, que nous avons ordonné estre établi en chacune des Villes & lieux de nostre Royaume, Pays, Terres & Seigneuries de nostre obéïssance, où il y a Siege de Jurisdiction Royale & ordinaire; à l'effet dequoy nous avons créé un Office de nostre Conseiller-Greffier desdites Insinuations Laïques en chacune desdites Villes & Lieux, & prescrit la forme dans laquelle lesdites Insinuations seront faites, même fixé les droits qui doivent estre payez pour lesdites Insinuations, tant par ledit Edit, que par le Tarif que nous avons fait arrester en nostre

Conſeil, en execution d'iceluy le 22. Decembre 1703. Mais comme les uſages & la forme d'Inſinuer établis par nos anciennes Ordonnances, n'étoient pas uniformes dans toutes les Provinces ; que mêmes la neceſſité de donner au Public connoiſſance de tous les Actes où il pourroit avoir intereſt, nous a obligé d'aſſujettir à l'Inſinuation quantité d'Actes qui n'étoient point Inſinuez avant noſtredit Edit : Nous avons eſté informez que ne nous eſtant pas ſuffiſamment expliquez ſur la forme deſdites Inſinuations, il pourroit naiſtre dans la ſuite differentes conteſtations que nous avons jugé neceſſaire de prevenir, en expliquant plus diſertement nos intentions ſur ce qui peut concerner l'execution dudit Edit. A CES CAUSES & autres à ce nous mouvans, de noſtre certaine ſcience, pleine puiſſance & autorité Royale, Nous avons par ces Preſentes ſignées de noſtre main, dit & ordonné, diſons & ordonnons, voulons & nous plaiſt.

I. Que les ſeparations de corps & d'habitation ſoient ſujettes à Inſinuation, comme celles des biens mentionnées en l'Article IV. de noſtre Edit du mois de Decembre dernier.

II. Voulons pareillement que dans les Pays où le benefice d'inventaire a lieu, ſans qu'il ſoit beſoin d'impetrer nos Lettres, les heritiers ſoient tenus de faire Inſinuer l'Acte d'acceptation ou Jugement qui leur permettra de ſe dire & porter heritiers beneficiers, pour raiſon de quoy ſera payé le même droit d'Inſinuation, que pour les Letres de benefice d'Inventaire.

III. Seront auſſi Inſinuez les Actes par leſquels les peres & meres mettront leurs enfans hors de leur puiſſance, ſans que les heritiers beneficiers ni les perſonnes émancipées puiſſent ſe mettre en poſſeſſion, faire des Baux, & diſpoſer des biens & revenus avant ladite Inſinuation, à peine de trois cens livres d'amende, & de la perte & application à nostre profit de tous les fruits perçus au prejudice de la presente disposition, lesquelles peines ne pourront néanmoins estre jugées encouruës contre les mineurs ni contre les femmes en puissance de mary, mais seulement contre les Tuteurs ou Curateurs & les maris, par le fait ou negligence desquels la contravention aura esté commise.

IV. Déclarons sujets à Insinuation, conformément à l'Article VIII. de nostredit Edit, tous Arrests, Jugemens, Sentences, portans sauf-conduit ou surséance generale, soit qu'ils soient accordez par nous ou par les Officiers des Cours & autres Jurisdictions de nostre Royaume.

V. Défendons à tous Huissiers, Sergens & autres sur ce requis, de faire aucuns Actes & Exploits en consequence qu'aprés l'Insinuation desdits Arrests, Sentences & Jugemens, à peine de nullité, dommages & interests des Parties, & de trois cens livres d'amende contre les Contrevenans.

VI. Declarons pareillement sujettes à Insinuation les Lettres de Réhabilitation de Noblesse, pour lesquelles sera payé mêmes droits que pour celles d'Annoblissement, comme aussi les Lettres d'érection de Roture en Fief, pour lesquelles sera payé moitié des droits reglez audit Article VIII. pour les érections de Marquisats, Comtez & autres Fiefs de dignité.

VII. Interpretant l'Article XVI. de nostredit Edit, en ce que le lieu où doit estre faite l'Insinuation des Actes & Lettres y énoncées, n'est pas suffisamment expliqué, voulons que les Lettres & Actes d'émancipation, celles de benefice d'âge & d'Inventaire, soient Insinuez au Greffe du lieu du domicile des Impetrans; & à l'égard des nominations de Curateurs, elles seront Insinuées au Greffe du lieu de la Jurisdiction où les Sentences seront intervenuës.

VIII. Voulons que conformément aux Articles XX. & XXI. de nostre Edit du mois de Decembre 1703. toutes Lettres, Contrats, Jugemens, Sentences; Arrests & autres Actes sujets à Insinuation, ne puissent avoir aucun effet en Justice, ni autrement en quelque sorte & maniere que ce soit, qu'aprés l'Insinuation, à peine de nullité des Actes & Procedures faites avant l'Insinuation, perte de fruits & revenus échûs jusqu'au jour de l'Insinuation, perte de fruits & revenus échûs jusqu'au jour de l'Insinuation, de trois cens livres d'amende contre les Parties, & les Procureurs qui auront occupé.

IX. Voulons pareillement qu'il soit fait mention dans les Jugemens qui interviendront sur les Actes sujets à Insinuation, du lieu & de la datte de l'Insinuation de même qu'il se pratique à l'égard du Controlle des Exploits.

X. Enjoignons à tous Greffiers de faire mention de ladite Insinuation dans le Vû de leurs Sentences & Jugemens, à peine, comme cy-dessus, de trois cens livres d'amende pour chacune contravention, laquelle demeurera encouruë en vertu des Presentes, deux mois aprés la publication d'icelles, sans qu'il soit besoin d'Arrest ni Jugement qui l'ordonne.

XI. Faisons défenses aux Executeurs Testamentaires, heritiers ou legataires universels, d'acquerir aucuns Legs que l'Insinuation n'en ait esté faite & les droits payez, à peine d'en répondre en leurs propres & privez noms, même d'estre contraints au payement du double desdits droits.

XII. Et pour que les Particuliers dénommez és Contrats & Actes, Arrests, Jugemens & Sentences ne puissent ignorer ceux qui sont sujets à Insinuation, voulons que tous Notaires, Greffiers & autres Personnes publiques, soient tenus d'en faire mention dans lesdits Contracts, Actes, Arrests, Jugemens & Sentences, à peine de répondre en leurs propres &

privez noms du droit d'Insinuation, & de pareille amende que dessus pour chacune contravention.

XIII. Voulons que conformément à la Declaration du mois de May 1645. les Notaires & Tabellions du ressort de chacun desdits Greffes des Insinuations, soient tenus de délivrer de trois en trois mois à Simon Miger chargé de la vente desdits Offices de Greffiers des Insinuations, ses Procureurs, Commis & Preposez, ou Acquereurs desdites Offices, un Etat par articles de tous les Actes qu'ils auront passez sujets à Insinuation; à l'exception toutesfois des Donations & Testamens pour cause de mort, qui ne seront délivrez qu'aprés le decés des Testateurs ou Donateurs. Et leur sera payé pour chacun Article contenu ausdits Etats; sçavoir cinq sols aux Notaires de nostre bonne Ville de Paris, & deux sols six deniers à ceux des autres Villes & Lieux de nostre Royaume, non compris le Papier timbré.

XIV. Et afin de donner connoissance ausdits Greffiers de tous les Legs faits par Testament ou Codicile, voulons qu'avant de proceder aux Inventaires des biens & effets des Testateurs, leurs Testamens & Codiciles soient portez aux Greffes des Insinuations, pour en estre tiré telles copies ou Extraits que bon semblera ausdits Greffiers, lesquels ils y metteront leur Vû gratis, dont sera fait mention dans l'intitulé desdits Inventaires, sur peine de nullité, & d'estre par les Notaires ou autres Officiers chargez de la confection desdits Inventaires, garants & responsables du triple desdits droits d'Insinuation, & des dommages & interests des Parties.

XV. Faisons défenses à tous Huissiers & Sergens de faire pour l'execution des Contrats, Actes, Arrests & Jugemens sujets à Insinuation, aucuns Exploits ni Actes, qu'il ne leur soit apparu de l'Insinuation, à peine de nullité & de 300. livres d'amende.

XVI. Et dautant que les Fermiers de nos Domaines & les Seigneurs particuliers dans leur Terres n'ont pas moins d'interest de connoistre quels sont les biens & heritages pretendus en franc-aleu, que ceux qui n'y sont pas & qu'il est déja survenu plusieurs contestations au sujet du droit d'enregistrement des mutations de biens & heritages, que les Possesseurs pour éviter le payement dudit droit ont soutenu estre en franc-aleu; pour faire cesser toutes difficultez sur cela à l'avenir, voulons & entendons que les Contrats de vente, Echanges, Decrets & autres Actes translatifs de proprieté de biens en franc-aleu, franc-bourgage ou franche-bourgeoisie, ou qui par les Coûtumes & Usages des Pays ne sont sujets à aucun droit aux mutations, soient Insinuez & enregistrez, à compter du premier Janvier dernier, en la forme & maniere portée par l'Art. XXIV. & suivans de nostredit Edit; pour lequel enregistrement sera payé à toutes mutations, même par les nouveaux Possesseurs, à titre successif en ligne collaterale, le centiéme denier porté par l'Art. XXIV. de nostredit Edit, & moitié seulement dudit droit par les successeurs en ligne directe.

XVII. Pour prevenir pareillement toutes contestations sur l'execution de l'Art. XXV. de nostredit Edit, concernant les biens immeubles qui adviennent par succession, voulons & entendons que les nouveaux Possesseurs à titre successif de biens & heritages Nobles ou Roturiers, soient tenus d'en faire leurs declarations ausdits Greffes dans les six mois du jour de l'ouverrure desdites successions, & d'en payer les droits d'enregistrement sur le pied porté par les Articles XXIV. & XXV. de nostredit Edit.

XVIII. Voulons que tous nouveaux Acquereurs & Possesseurs de biens immeubles à quelque titre que ce soit; soient tenus de faire Insinuer & regiſtrer leurs titres de proprieté, ou les declarations qu'ils doivent faire, conformément à l'Art. XXV. de noſtredit Edit dans les ſix mois portez par iceluy ; & aprés ledit temps paſſé, ſeront contraints au payement du triple deſdits droits, conformément à l'Art. XXVI. & demeureront les fruits & revenus deſdits biens dûs & échûs aprés ledit temps de ſix mois, & qui écherront juſqu'à l'Inſinuation, acquis à nôtre profit, & perçûs par les Receveurs Generaux de nos Domaines, chacun dans leur Generalité, pour en eſtre par eux compté à noſtre profit.

XIX. Ne ſeront les Legataires de biens immeubles tenus de faire Inſinuer leurs Legs qu'aux Greffes des Inſinuations des lieux où les biens leguez ſeront ſituez.

XX. Et en interpretant l'Art. XXIV. de noſtre Edit du mois de Decembre 1703. concernant les titres tranſlatifs de proprieté des biens immeubles, voulons qu'à toute mutation deſdits biens par Contrats de vente, Echanges, Decrets, Donations entre vifs ou à cauſe de mort, Legs, Succeſſions collaterales ou autrement, en quelque maniere que ce ſoit, les nouveaux Poſſeſſeurs ſoient tenus de payer le centiéme denier pour chacun deſdits biens, ſoit qu'ils ſoient mouvans ou tenus en cenſive d'un ou differens Seigneurs ; & à l'égard des ſucceſſions en ligne directe, ne ſera payé que moitié des droits, conformément à l'Article XXV. dudit Edit, le tout ſous les peines portées par l'Article XXVI. dudit Edit.

XXI. Tous les Actes ſujets à Inſinuation en conſequence de noſdits Edits des mois de Decembre 1703. & Mars 1704. & des Preſentes, ſeront Inſinuez & enregiſtrez auſdits Greffes ſans miniſtere de Juges ni de Procureurs, & ſans que les Greffiers en Chef de nos Cours & Sieges Royaux puiſſent s'y immiſcer, ni apporter aucun trouble auſdits Greffiers des Inſinuations, leſquels ſigneront ſeuls les Actes des Inſinuations.

XXII. Permettons audit Miger chargé de la vente deſdits Offices de Greffiers des Inſinuations, ſes Procureurs ou Commis & autres ayans ſes droits, & aux pourvûs deſdits Offices, de commettre ſur leurs ſimples Procurations à l'exercice d'iceux pour la facilité du Public dans le reſſort du Siege de leur établiſſement; un ou pluſieurs Commis dont ils demeureront civilement reſponſables, leſquels auront ſerment en Juſtice, dérogeant à cet effet à l'Art. XIX. de noſtre Edit du mois de Decembre 1703. ſans neanmoins que leſdits Commis établis hors le chef-lieu puiſſent pretendre joüir d'aucuns privileges.

XXIII. Et pour prevenir les conteſtations qui pourroient eſtre faites auſdits Greffiers des Inſinuations au ſujet des privileges que nous leur avons attribuez par noſtredit Edit du mois de Decembre dernier, ordonnons en expliquant noſtredit Edit, que ceux qui ſeront êtablis dans les Villes où il y a Bailliages, Sénéchauſſées, Preſidiaux & autres Sieges reſſortiſſans en nos Cours, joüiſſent de l'exemption de Taille, Uſtanſile, Logement de Gens de Guerre, Collecte, Tutelle, Curatelle, nomination à icelles, & de toutes aurres Charges publiques, ainſi que les autres Officiers deſdits Sieges; & à l'égard de ceux qui ſeront établis dans les Villes & Lieux où il y a des Juſtices Royales ſubalternes, ils ſeront exempts de logement de Gens de Guerre, Collecte, Tutelle, Curatelle, nomination à icelles, & autres Charges publiques.

XXIV, Ne ſeront leſdits Greffiers augmentez à la Capitation pour raiſon de l'acquiſition deſdits Offices, ni ſujets au ſervice de la milice, non plus que leurs enfans, & ne pourront eſtre taxez ſous pretexte de confirmation de l'heredité, ſupplement de finance ou autrement, en quelque ſorte & maniere que ce puiſſe eſtre, dont nous les avons diſpenſez & déchargez, diſpenſons & déchargeons dés à preſent par ces Preſentes.

XXV. Seront les gages attribuez aufdits Offices payez aux Pourvûs d'iceux, & en attendant la vente audit Miger chargé de l'execution de noftredit Edit. Voulons que le payement en foit fait fur fes fimples Quittance ou des Porteurs de fes Procurations, lefquelles feront paffées & allouées dans la dépenfe des Comptes de ceux qui en auront fait le payement par les Officiers de nos Chambres des Comptes fans difficulté, en rapportant copie collationnée des Prefentes pour la premiere fois feulement. Si donnons en mandement à nos amez & feaux Confeillers les Gens tenans noftre Cour de Parlement, Chambres de nos Comptes & Cour des Aides à Paris, que ces Prefentes ils ayent à faire lire, publier & regiftrer, & le contenu en icelles garder & executer felon leur forme & teneur, nonobftant tous Edits, Declarations, Arrefts & autres chofes à ce contraires, aufquelles nous avons dérogé & dérogeons par ces Prefentes; aux copies defquelles collationnées par l'un de nos amez & feaux Confeillers-Secretaires, voulons que foy foit ajoûtée comme à l'Original : Car tel eft noftre plaifir. En témoin dequoy nous avons fait mettre noftre Scel à cefdites Prefentes. Donnée à Verfailles le dix-neuviéme jour de Juillet, l'an de grace mil fept cens quatre : Et de noftre Regne le foixante deuxiéme. Signé, LOUIS. Et plus bas : Par le Roy, PHELYPEAUX. Vû au Confeil, CHAMILLART. Et fcellé.

Regiftrées, Ouy & ce requerant le Procureur General du Roy, pour eftre executées felon leur forme & teneur, fuivant l'Arreft de ce jour. A Paris en Parlement le dix-neuf Aouft mil fept cens quatre. Signé, DONGOIS.

EDIT

EDIT DU ROY,

Donné à Fontainebleau au mois d'Octobre 1705.

Portant que tous les Actes paſſez par les Notaires & Tabellions, tant Royaux que Subalternes Greffiers des Cours & Juriſdictions Royales & Seigneuriales & tous autres, ſeront Inſinuez dans les Bureaux, & en même temps qu'ils les feront contrôller & ſceller dans la quinzaine du jour & datte deſdits Actes.

Regiſtré en Parlement le 24. *Octobre* 1705.

LOUIS par la grace de Dieu, Roy de France & de Navarre : A tous preſens & à venir, SALUT. Nous aurions par noſtre Edit du mois de Decembre 1703. créé des Offices de Greffiers des Inſinuations Laïques dans l'étenduë de noſtre Royaume, Païs, Terres & Seigneuries de noſtre obeïſſance, pour Inſinuer & regiſtrer les Actes ſujets à Inſinuation ; & par noſtre Declaration du 19. Juillet 1704. Nous aurions expliqué la forme deſdites Inſinuations, & reglé les difficultez qui s'eſtoient preſentées dans l'execution dudit Edit ; & par autre noſtre Edit du mois d'Octobre 1704. Nous avons ſupprimé le Titre deſdits Offices de Greffiers des Inſinuations, & réüni les droits y attribuez à la Ferme generale des Contrôlles des Actes des Notaires & petits Scels. De tous leſquels droits nous avons fait un Bail general à Maiſtre Eſtienne Chaplet pour neuf années conſecutives, à commencer la joüiſſance au premier Janvier dernier,

& ordonné que les fonctions desdits Offices de Greffiers des Insinuations seroient faites par les Commis dudit Chaplet, qui en percevroient les droits conjointement avec ceux des Contrôlles des Notaires & petits Scels. Mais comme nous ne pouvons tirer l'avantage que nous nous étions proposé de l'union desdites Fermes, qu'en chargeant les Notaires, Tabellions, Greffiers & autres Particuliers qui passent les Actes sujets à Insinuation, de les faire Insinuer de même, & ainsi qu'ils sont déja obligez de les faire contrôller & sceller, & dans les mêmes dêlais qui ont esté fixez pour le Contrôlle & Sceaux desdits Actes ; ce qui d'un costé se trouvera beaucoup plus convenables à la commodité de nos Sujets, & de l'autre diminuëra considerablement les frais de regie de ladite Ferme. A CES CAUSES, & autres à ce nous mouvans, de nostre certaine science, pleine puissance & autorité Royale, nous avons par nostre present Edit perpetuel & irrevocable, dit, statué & ordonné, disons, statuons & ordonnons, voulons & nous plaist, qu'à l'avenir, à commencer du premier Janvier prochain, les Notaires & Tabellions tant Royaux que Subalternes, les Greffiers des Cours & Jurisdictions Royales & Seigneuriales, & tous autres Particuliers qui ont droit de passer des Actes, soient tenus & obligez de faire enregistrer & Insinuer dans les Bureaux dans lesquels ils les feront contrôller, tous les Contrats de Ventes, d'Echanges, Baux à rentes foncieres, rachetables ou non-rachetables, Baux amphiteotiques, Ventes à faculté de remeré & anficrese, & autres Actes translatifs de proprieté, Arrests, Jugemens, Sentence & autres Actes sujets à Insinuation, dans la quinzaine du jour & datte desdits Actes, & en même temps qu'ils les feront contrôller & sceller, leur faisant tres-expresses inhibitions deffenses de les délivrer aux Parties qu'aprés qu'ils auront esté Insinuez & les droits payez, à peine de trois cens livres d'amende pour chacune contravention, laquelle demeurera encouruë en vertu du present Edit, sans pouvoir estre moderée ni sursise par nos Juges à qui la connoissance desdites Insinuations appartient, à peine d'en répondre en leurs propres & privez noms, à la reserve neanmoins des Substitutions & Donnations entre vifs que nous voulons estre Insinuées à la diligence des Parties, conformément à l'Article III. de nostre Edit du mois de Decembre 1703. & à l'Article XI. de nostre Declaration du 19. Juillet 1704. dans les délais & sur les peines y portées.

I. N'entendons pareillement rien innover pour ce qui regarde l'Insinuation des Contrats de Ventes, d'Echanges & autres transsatifs de proprieté de biens immeubles, situez hors de l'étenduë des Bureaux de la demeure des Notaires, Tabellions & Greffiers, lesquels, attendu la distance des lieux, seront Insinuez à la diligence des Parties dans les Bureaux où les biens se trouveront situez, dans les trois mois, à compter du jour & datte d'iceux, au lieu des six mois portez par nos Edit & Declarations des mois de Decembre 1703. & 19. Juillet 1704. sous les mêmes peines y portées, sans qu'elles puissent estre reputées comminatoires, moderées, ni sursises.

II. Seront seulement à cet égard tenus les Notaires, Greffiers & autres qui passeront & expedieront lesdits Actes, Arrests & Jugemens, d'y faire mention qu'ils sont sujets à l'Insinuation, pour que les Parties n'en pretendent cause d'ignorance, & d'en fournir des Extraits audit Chaplet, ses Procureurs & Commis, tous les trois mois, sous les peines portées par ladite Declaration du dix-neuf Juillet 1704.

III. Voulons que toutes Lettres de répy, d'Annoblissement, Réhabilitation de Noblesse, de Benefice d'âge, d'Inventaires, d'Emancipations, d'Amortissement, Legitimations, Naturalitez, Election de Terres en Marquisats, Comtez, Baronies ou autres titres de Dignitez, Concessions de Foires ou Marchez assujetties à l'Insinuation par nos Edit & Declaration, soient Insinuées & les droits payez avant l'enregistrement & enterinement desdites Lettres, sur peine de nullité desdits Enregistrement & enterinement des Procedures qui auront esté faites pour y parvenir, & de 300. livres d'amende contre les Procureurs qui auront occupé.

IV. Voulons pareillement que les Donataires d'effets mobiliers par un même Acte, ou Legataires de pareils effets par un même Article de Testamens ou Codiciles, payent chacun à proportion de la valeur de ce qui leur aura esté donné ou legué, sur le pied du Tarif attaché sous le contre-scel de nostredit Edit du mois de Decembre 1703.

V. Voulons en outre que tous les Actes qui par les Coûtumes & Usages Locaux sont sujets à l'Insinuation, soient Insinuez & registrez ausdits Bureaux, & les droits payez sur le pied de ceux dûs pour les Actes de pareille nature & qualité, quoy qu'ils n'ayent pas esté dénommez par nosdits Edit & Declaration.

VI. Declarons nuls & de nul effet toutes Lettres, Arrests, Sentences, Jugemens, Contrats & Actes qui n'auront pas esté Insinuez dans les temps & en la forme prescrite par nostre present Edit. Faisons défenses à tous nos Juges & autres qu'il appartiendra d'y avoir aucun égard,

VII. Voulons en outre que toutes les peines & amendes qui seront payées pour les Contraventions qui pourroient estre faites au present Edit, appartiennent audit Chaplet, comme faisant partie de son Bail; & au surplus que nos Edits des mois de Decembre 1703. & Octobre 1704. ensemble nostre Declaration du 19. Juillet audit an 1704. soient executez selon leur forme & teneur en ce qui ne sera pas contraire à nôtre present Edit.

Si donnons en mandement, A nos amez & feaux Conſeillers les Gens tenans noſtre Cour de Parlement, Chambres des Comptes & Cour des Aydes à Paris, que noſtre preſent Edit ils ayent à faire lire, publier & regiſtrer, même en temps de Vacations, & le contenu en iceluy ſuivre, garder & obſerver ſelon ſa forme & teneur, ceſſant & faiſant ceſſer tous troubles & empêchemens qui pourroient eſtre mis ou donnez, nonobſtant tous Edits, Declarations, Arreſts, Reglemens & autres choſes à ce contraires, auſquels nous avons dérogé & dérogeons par le preſent Edit, aux copies duquel collationnées par l'un de nos amez Conſeillers-Secretaires, voulons, que foy ſoit ajoûtée comme à l'Original : Car tel eſt noſtre plaiſir. Et afin que ce ſoit choſe ferme & ſtable à toûjours, nous y avons fait mettre noſtre Scel. Donné à Fontainebleau au mois d'Octobre l'an de grace mil ſept cens cinq. Et de noſtre Regne le ſoixante-troiſiéme. Signé, LOUIS. Et plus bas, Par le Roy, Phelypeaux. Viſa, Phelypeaux. Et ſcellé du grand Sceau de cire verte.

Regiſtré, à Paris en Parlement en Vacations, le vingt-quatre Octobre 1705. Signé, Du Tillet.

EDIT DU ROY,

Donné à Marly au mois d'Aoust 1706.

Portant que les droits de Centiéme Denier ordonnez estre payez par l'Edit du mois de Decembre 1703, seront payez à toutes mutations de biens-immeubles qui arriveront, soit par Ventes, Echanges, Donations, Adjudications, par Decrets, ou autres Titres translatifs de proprieté, soit par succession en ligne collaterale, sur le pied entiere du prix porté par les Contrats ou autres Titres, ou de la valeur des immeubles.

Registré en Parlement le 18. Septembre 1706.

LOUIS par la grace de Dieu, Roy de France & de Navarre: A tous presens & à venir, SALUT. Par nostre Edit du mois de Decembre 1703. Nous avons créé des Offices de Greffiers des Insinuations Laïques, pour enregistrer tous les Actes énoncez en iceluy, & les Contrats de Ventes, Echanges, Decrets & autres Titres translatifs de proprieté de biens-immeubles; lesquels nous aurions assujettis au payement du centiéme Denier jusqu'à dix mille livres & du deux-centiéme Denier pour ceux desdits biens-immeubles qui écherroient par succession en ligne directe. Nous avons ensuite supprimé lesdits Offices par nostre Edit du mois d'Octobre 1704. & réuny à nos Fermes les droits y attribuez, pour estre perçûs conjointement avec ceux du Controlle des Actes des Notaires. Mais comme depuis nous avons esté informez que la fixation que nous avons faite du droit de centiéme Denier jusqu'à dix mille livres, donnoit lieu tous les jours à des contestations entre le Fermier de nos droits & les Redevables, particulierement lors qu'il se trouvoit differens corps de Terres & Seigneuries comprises dans les Contrats de vente & autres Titres translatifs de proprieté qu'il convenoit faire Insinuer, & que d'ailleurs les biens-immeubles qui arrivent par succession en ligne directe ne paroissent pas devoir estre assujettis à l'Insinuani au payement du deux-centiéme Denier, rien n'étant plus juste que la succession naturelle des peres aux enfans, que la plûpart des Loix & Coûtumes de nostre Royaume ont dispensez du payement d'aucunes sortes de droits, nous avons crû devoir y remedier, & en rétablissant cette franchise en faveur des successeurs en ligne directe dans les Provinces où ils n'avoient point payé de droits avant nostredit Edit du mois de Decembre 1703. faire en même temps cesser toutes les contestations que le payement du centiéme Denier a fait naistre jusqu'à present. A CES CAUSES & autres à ce nous mouvans, de nostre certaine science, pleine puissance & autorité Royale, nous avons par nostre present Edit perpetuel & irrevocable dit, statué & ordonné, disons, statuons & ordonnons, voulons & nous plaist, qu'à l'avenir & à commencer du premier Octobre prochain les droits de centiéme Denier ordonnez estre payez par nostre Edit du mois de Decembre 1703. soient payez à toutes mutations de biens immeubles qui arriveront, soit par Ventes, Echanges, Donations, Adjudications par Decrets ou autres Titres translatifs de proprieté, soit par succession en ligne collaterale sur le pied entier du prix porté par lesdits Contrats ou autres titres, ou de la valeur desdits immeubles, suivant l'estimation qui sera fait de gré à gré entre le Fermier de nosdits droits & les Proprietaires, si faire se peut, sinon sur l'estimation qui en sera faite par Experts qui seront convenus ou nommez d'Office par nos Juges à qui la connoissance en sera cy-aprés attribuée. Dérogeons à cet égard seulement à nostre Edit du mois de Decembre 1703. Declarations, Arrests, & Reglemens rendus en consequence, lesquels nous voulons au surplus estre executez selon leur forme & teneur, & que lesdits droits de centiéme Denier soient payez en entier sous les peines portées par lesdits Edits, Declarations, Arrests & Reglemens, lesquels nous avons à cet effet confirmez & confirmons par nostredit Edit.

Dispensons & déchargeons du payement des droits de deux-centiéme Denier tous les biens immeubles qui écherront cy-aprés en ligne directe, si ce n'est dans le cas des Donations & des Legs des peres & meres ou ayeuls à leurs enfans, lesquels payeront seulement les droits d'Insinuations desdites donations & legs, suivant le Tarif attaché sous le Contrescel de nostre Edit du mois de Decembre 1703. Faisons défenses à ceux qui seront cy-aprés Fermiers de nos droits d'exiger aucune chose pour raison de ce, à peine de concussion, dérogeant pareillement à cet égard à nostre Edit du mois de Decembre 1703. en ce qui n'est point contraire à nostre present Edit.

N'entendons neanmoins rien innover à ce qui s'est pratiqué jusqu'à present à cet égard dans nostre Province de Bretagne, où les successeurs en ligne directe estoient dans l'usage de payer des droits aux mutations avant nostre Edit du mois de Decembre 1703. lesquels seront payez ainsi qu'ils l'ont esté jusqu'à present, conformément à nostre Edit du mois de Mars 1704. lequel sera executé selon sa forme & teneur dans l'étenduë de nostredite Province. Si donnons en mandement à nos amez & feaux Conseillers les Gens tenans nostre Cour de Parlement, Chambre des

Comptes & Cour des Aides à Paris, que nostre present Edit ils fassent lire, publier & registrer, même en temps de Vacations, & le contenu en iceluy suivre, garder & observer selon sa forme & teneur, cessant & faisant cesser tous troubles & empêchemens qui pourroient estre mis ou donnez, nonobstant tous Edits, Declarations, Arrests, Reglemens & autres choses à ce contraires, ausquels nous avons dérogé & dérogeons par nostre present Edit, aux copies duquel collationnées par l'un de nos amez, & feaux Conseillers-Secretaires, voulons que foy soit ajoûtée comme à l'Original: Car tel est nostre plaisir. Et afin que ce soit chose ferme & stable à toûjours, nous y avons fait mettre nostre Seel. Donné à Marly au mois d'Aoust, l'an de grace mil sept cens six, & de nostre Regne le soixante-quatriéme. Signé, LOUIS. Et plus bas, Par le Roy, PHELYPEAUX. Visa, PHELYPEAUX. Veu au Conseil, CHAMILLART. Et scellé du grand Sceau de cire verte, en lacs de soye rouge & verte.

Registré, Ouy & ce requerant le Procureur General du Roy, pour estre executé selon sa forme & teneur, suivant l'Arrest de ce jour. A Paris en Parlement en Vacations le dix-huitiéme Septembre 1706. Signé, DU TILLET.

Articles de l'Ordonnance du Roy François premier donnée à Villers-Coterests en 1539.

ARTICLE CXXXII.

Nous voulons que toutes Donations qui seront faites cy-aprés, par & entre nos Sujets, soient Inserées & Enregistrées en nos Cours, & Jurisdictions ordinaires des parties & des choses données, autrement autrement seront reputées nulles, & ne commenceront à avoir leur effet que du jour de ladite Insinuation, & ce quant aux Donations faites en la presences des Donataires & par eux acceptées.

ARTICLE CXXXIII.

Et quant à celles qui auroient esté faites en l'absence desdits Donataires, les Notaires & stipulans pour eux, elles commenceront leur effet du temps qu'elles auront esté acceptées par lesdits Donataires, en la presence des Donateurs & des Notaires, & Insinuées comme dessus, autrement elles seront réputées nulles, encore que par les Lettres & Insinuations d'icelles y eût clause de retention d'usufruit ou constitution de precaire, dont ne s'ensuit aucun effet; sinon depuis que lesdites acceptations ou Insinuations auront esté faites comme dessus.

Article de l'Ordonnance du Roy Charles IX. donnée à Orleans en 1560.

ARTICLE LIX.

Et pour couper la racine à plusieurs Procez qui ce meuvent en matieres de Substitutions, deffendons à tous Juges d'avoir aucun égard aux Substitutions, qui se feront à l'avenir par Testament & Ordonnance de derniere volonté, ou entre vifs, & par Contrats de Mariage, ou autres quelconques, outres & plus avant deux dégrez de Substitution, aprés l'Institution & premiere disposition, icelle non-compris.

ARTICLE LXXXVI.

Avons aussi supprimé tous Offices de Greffiers

d'Inſinuations, créez par deffunt noſtre tres-honoré Seigneur & Pere, & ſeront les Donations & Contrats ſujets à Inſinuation, enregiſtrez és Greffes de nos Juriſdictions ordinaires, tout ainſi qu'auparavant l'érection deſdits Greffiers d'Inſinuations. N'entendons toutes fois comprendre ny toucher aux Greffes des Inſinuations Eccleſiaſtiques.

Articles de l'Ordonnance du Roy Charles IX. données à Moulins en 1566.

ARTICLE LVII.

Et amplifiant l'Article de nos Ordonnances faites à Orleans pour le fait des Subſtitutions, voulans ôter pluſieurs difficultez meuës ſur leſdites Subſtitutions, auparavant faites, deſquelles toutesfois le droit n'eſt encore échus, ne acquis à aucune perſonne vivante : Avons dit, déclaré & ordonné, que toutes Subſtitutions faites auparavant noſtredite Ordonnance d'Orleans en quelque diſpoſition que ce ſoit, par Contrats entre vifs, ou de deniere volonté, & ſous quelques paroles qu'elles ſoient conceuës, ſeront reſtraintes au quatriéme dégré outre l'Inſtitution (exceptez toutes fois les Subſtitutions, deſquels le droit eſt échû & là acquis aux perſonnes vivantes, auſquels n'entendons préjudicier.) Ordonnons auſſi, que d'oreſnavant toutes diſpoſitions entre vifs, ou de dérniere volonté contenans Subſtitutions, ſeront pour le regard d'icelles Subſtitutions publiées en Jugement à jour de Plaidoyrie, & Enregiſtrées és Greffes Royaux plus prochains des lieux des demeurans de ceux qui auront fait leſdites Subſtitutions, & ce dans ſix mois, à compter quant aux Subſtitutions Teſtamentaires, du jour du décez de ceux qui les auront faites. Et pour le regard des autres, du jour qu'elles auront eſté passées, autrement seront nulles, & n'auront aucun effet.

ARTICLE LVIII.

Et pour oster à l'avenir toutes occasions de fraudes & de doutes qui pourroient estre meuës entre nos Sujets pour l'Insinuation des Donations qui seront cy-aprés faites, avons ordonné que d'oresnavant toutes Donations faites entre vifs, mutuelles, reciproques, honereuses, en faveur de mariages & autres, de quelque forme qu'elles soient faites entre vifs, comme dit est, seront Insinuées és Greffes de nos Sieges ordinaires de l'assiette des choses données, & de la demeurance des parties dans quatre mois, à compter du jour & datte d'icelles Donations, pour le regard des biens & personnes, & dans six mois, pour ceux qui seront hors de nostre Royaume. Autrement & à faute de ladite Insinuation, seront & demeureront lesdites Donations nulles, & de nul effet & valeur, tant en faveur du Creancier, que de l'Heritier du donant. Et si dedans ledit temps ledit donant ou donataire décedoit, pourra neanmoins ladite Insinuation estre faite dans ledit temps, à compter du jour dudit Contrat comme dessus, sans que cette presente Ordonnance fasse aucun préjudice aux Donations cy-devant faites, & droits acquis à nos Sujets, à causes d'icelles, n'y aux Instances meuës & à mouvoir pour ce regard.

Article de la Declaration du dix Juillet 1566.

ARTICLE XIV.

Et sur le cinquante-septiéme, ordonnons que les Substitutions aprés la publication d'icelles en Jugement, seront Enregistrées és Greffes Royaux plus rochains des lieux où les choses sont assises, & des demeurances de ceux qui auront fait lesdites Substitutions.

DECLARATION DU ROY,

Du dix-sept Novembre 1690.

Concernant le temps de l'Enregistrement des Substitutions & Donations.

Registrée en Parlement le 25. Novembre 1690.

LOUIS par la grace de Dieu, Roy de France & de Navarre : A tous ceux qui ces presentes verront, SALUT. Les inconveniens que produisoit l'execution des Articles LVII. & LVIII. de l'Ordonnance de Moulin, concernant le temps de la publication des Substitutions, & de l'Insinuarion des Donations, ayant donné lieu à nos Cours de rendre plusieurs Arrests contraires aux termes desdits Articles, Nous avons bien voulu faire examiner les raisons qui leur ont servi de fondement ; & comme nous avons connu par le rapport qui nous a esté fait, que la plus grande partie des Substitutions & des Donations ne pourroient estre executées si l'on n'y apportoit le temperament que nos Cours ont suivi, nous avons bien voulu assurer par nostre autorité une Jurisprudence, laquelle estant contraire à une Ordonnance, ne peut estre solidement établie que par une Declaration qui y déroge. A CES CAUSES, de l'avis de nostre Conseil, & de nostre certaine science, pleine puissance & autorité Royale, nous avons dit, declaré, statué & ordonné, & par ces Presentes signées de nostre main, disons, declarons, statuons & ordonnons, Voulons & nous plaist, que les Substitutions pourront estre publiées & registrées en tout temps ; & lorsque la publication & l'enregiſtrement auront eſté faits dans les ſix mois du jour auquel les Subſtitutions auront eſté faites, leſdites Subſtitutions auront leur effet du jour de leur datte, tant contre les creanciers que contre les tiers acquereurs des biens qui y ſont compris : & ſi elles ſont ſeulement publiées & enregiſtrées aprés les ſix mois, elles n'auront effet contre leſdits creanciers & tiers acquereurs que du jour deſdites publications & enregiſtremens. Les Donations pourront eſtre Inſinuées pendant la vie des Donateurs, encore qu'il y ait plus de quatre mois qu'elles ayent eſté faites, & ſans qu'il ſoit beſoin d'aucun conſentement du Donateur, ny de Jugement qui l'ait ordonné, & lors qu'elles ne ſeront Inſinuées qu'aprés les quatre mois, elles n'auront effet contre les acquereurs des biens donnez & contre les creanciers des Donateurs, que du jour qu'elles auront eſté Inſinuées. Si donnons en mandement à nos amez & feaux Conſeillers les Gens tenans nôtre Cour de Parlement à Paris, que les Preſentes ils ayent à faire lire, publier & regiſtrer, & le contenu en icelles garder & obſerver ſelon leur forme & teneur, ſans y contrevenir, ny ſouffrir qu'il y ſoit contrevenu en quelque ſorte & maniere que ce ſoit, nonobſtant ce qui eſt porté par leſdits Articles LVII. & LVIII. de l'Ordonnance de Moulins, auſquels pour ce regard ſeulement, Nous avons dérogé & dérogeons par les preſentes ; Car tel eſt noſtre plaiſir ; En témoin dequoy Nous avons fait mettre noſtre ſcel à ceſdites Preſentes. DONNE' à Verſailles le dix-ſeptiéme jour de Novembre, l'an de grace mil ſix cens quatre-vingt-dix, & de noſtre Regne le quarante-huitiéme. Signé, LOUIS. Et ſur le repli, Par le Roy, PHELYPEAUX. Et ſcellées du grand ſceau de cire jaune.

Regiſtrées, à Paris en Parlement le vingt-cinq Novembre 1690. Signé, DU TILLET.

www.ingramcontent.com/pod-product-compliance
Ingram Content Group UK Ltd.
Pitfield, Milton Keynes, MK11 3LW, UK
UKHW031840260826
14628UKWH00002B/502

9 782329 365190